ENCUENTROS CON MI ALMA

EL GRANO Ð MOSTAZA

Título: Encuentros con mi alma
Subtítulo: Un viaje sin distancias
Autor: Enric Corbera

Primera edición en España: febrero de 2019

© para la edición en España, El Grano de Mostaza Ediciones

Impreso en España
Depósito Legal: B 4950-2019
ISBN: 978-84-949089-5-8

El Grano de Mostaza Ediciones, S.L.
Carrer de Balmes 394, principal primera
08022 Barcelona, Spain
www.elgranodemostaza.com

ENCUENTROS CON MI ALMA

Enric Corbera

Dedico este libro:

A todas las **almas** con las que me he encontrado en mi vida hasta este momento, este ahora. Quiero darles las gracias por todo lo que me han mostrado de mí mismo.

Es cierto que ha habido momentos muy duros, pero precisamente estos han sido el yunque donde se ha forjado y desarrollado mi fortaleza y mi sabiduría.

Quiero agradecer desde lo más profundo de mi corazón a todas aquellas **almas** que han sido un bálsamo curador de las heridas que mi **alma** ha soportado.

Bendigo todos los encuentros que mi **alma** ha tenido; ellos han forjado mi maestría y me han abierto las puertas a vivir otras realidades.

¡¡Gracias!!

Introducción

Este libro, *Encuentros con mi alma,* viene a cerrar un círculo de encuentro conmigo mismo a través de las experiencias y circunstancias que la vida me ha ido deparando. La vida, tal como la experimento y percibo, es un cúmulo de círculos que unas veces caminan en paralelo, otras veces se entrecruzan y se engarzan, y otras están circunscritos. Este círculo concreto se abrió en el 2013, cuando escribí *Curación a través de* Un curso de milagros. Han sido cinco años de interiorizar lo que me ha parecido un sinfín de problemas, de circunstancias adversas, de creación de un nuevo proyecto, de conocer el lado oscuro que todos tenemos, de conocer mi sombra, de alegrías, decepciones, calumnias, mentiras... Y sobre todo, de tomar conciencia del miedo inconsciente que tiene todo ser humano, que nos hace creer en la escasez, en la proyección de la culpa, en la trampa del victimismo, en el dolor, el sufrimiento y el sacrificio —la gran mentira— mientras tratamos de encontrar la paz y la felicidad.

Este libro viene a ser la segunda parte del *El soñador del sueño,* aunque el lector avezado en la filosofía Advaita —que significa «no dualidad»— no tendrá problemas para seguir su hilo conductor.

Al igual que el libro anterior, el protagonista es el héroe, el que todos llevamos dentro, y que más tarde o más temprano, en esta vida o en otras, empezará su iniciación.

A modo de recordatorio diremos que el héroe es un arquetipo, un patrón que parece extenderse y adentrarse en muchas dimensiones, de tal suerte que describe más de una única realidad. De ahí la idea de los círculos como realidades que conviven en un presente común, aunque nuestra mente dual nos hace percibirlos como sucesos lineales. Todas nuestras historias se articulan mediante estos principios de vida que son una especie de manual para vivir, un completo manual de instrucciones para el desarrollo del ser humano.

Este libro viene a ser el punto sobre la *i*, la guinda del pastel, la culminación del viaje de una mente que cree que vive en la dualidad, en la separación, hasta que esta misma mente sabe y comprende que todo está interconectado, que todo está relacionado. Es una mente que despierta a la certeza de que somos energía, por lo tanto información, y que, como tal, vibramos. Esta información produce una resonancia que atrae a nuestra vida, en el pleno sentido de estas palabras, las circunstancias que son acordes con nuestra apertura mental, con nuestra conciencia.

El libro consta de tres partes bien diferenciadas. De hecho, serían como tres libros en uno, de tal suerte que podemos leerlos por separado y creer que son distintos, de no ser porque en los tres siempre hablo del héroe.

La primera parte es «La escuela cósmica»; la segunda parte, «Viaje a la cueva profunda» y la tercera, «Los tres viajes del alma».

Hemos de recordar que al héroe le impele el ansia de volver a casa, allí de donde cree que ha partido, pero, como esta posibilidad está abierta, entra en la ilusión de que todo está separado. Tal como vengo explicando, esta creencia le hace vivir una vida de la cual quiere despertar, de la que quiere desprenderse. Su anhelo le hace ir abriendo su conciencia a lo largo de diferentes procesos o etapas por los que comúnmente todos pasamos. Un paso crucial es el de cuestionarse sus valores, sus creencias, y sobre todo sus percepciones. Dicho de otra manera, salir de su zona de confort y empezar una aventura que intuye que tiene un final.

Aquí, en *Encuentros con mi alma*, intento llevar al lector a experimentar este «final» como un éxtasis, una plenitud del Ser. Al final... bueno, esto te lo dejo a ti, lector, para que vivas tu propia historia dentro de las tres que narro en este libro.

Con respecto al título, *Encuentros con mi alma*, me gustaría dejar claro que nuestra alma se reconoce a sí misma al verse en las almas de los demás, y que en realidad no hay nadie más. Cada encuentro es con un@ mism@, aunque puede parecer que son fortuitos y debidos a la buena o la mala suerte. Los encuentros se hacen imprescindibles para trascender de la conciencia dual a una conciencia de unidad. Cuando completamos este proceso, nada cambia, todo sigue igual, pero ya no vivimos las experiencias de «nuestra vida» con la misma percepción, con la misma conciencia. Vivimos una «realidad» que es paralela a otras realidades que conviven en un mismo marco, en un mismo mundo; son universos paralelos.

«Si hay algo que no te gusta de la vida, recuerda que no lo puedes cambiar, mas si cambias el pensamiento, cambiarás tu universo.» (Albert Einstein)

Esta frase nos inspira a tener presente la fuerza de nuestros pensamientos, a tomar conciencia de que ellos nos hablan de nosotros mismos, y de que cuando abrimos nuestras mentes a otras realidades, el mundo cambia a nuestros ojos. No los hechos, pero sí la interpretación de ellos. No olvidemos que mientras estemos viviendo y experimentando el mundo dual, percibiremos.

Que disfrutes, querido lector.

Enric Corbera

Ha llegado la hora

Nuestro héroe está tendido en la cama, su cuerpo muestra las señales de la senectud. Su conciencia está plenamente despierta. Sabe que sus días en este mundo tocan a su fin. Siente una profunda paz. Su vida, su larga vida —pues acaba de cumplir 95 años— la percibe maravillosa, vivida con plenitud y con pleno sentido. Ha estado rodeado de personas que lo han querido profundamente, que lo han acompañado en un sinnúmero de vicisitudes. Ha viajado por todo el mundo y ha ampliado su mente hasta puntos inimaginables, conociendo gentes, formas de pensar muy diversas y formas de entender la vida totalmente contrapuestas.

Sabe que este es un mundo de ilusión, de una vibración que está en correlación con las conciencias que viven en él. Solo le queda esperar y ver cómo será su transición a otros planos de conciencia. Recuerda lo que una vez leyó en el libro que abrió de par en par las puertas de su mente, *Un curso de milagros*:

«El paso que los seres humanos llaman muerte se realizará con más o menos dolor, según hayan liberado la culpa inconsciente».

Ordena sus ideas, habla con sus seres queridos, escribe sus últimas notas, da sus últimos consejos a todo aquel que quiera escucharlos. Su emoción es una mezcla de alegría y tristeza, pero él sabe que todo tiene su fin, y también su razón de ser. La despedida también es una ilusión, todos somos uno. No hay almas desconectadas y el reencuentro es inevitable, en otras vidas, en otros mundos, en otra vibración de conciencia. ¡Qué más da! Al final, todo desaparecerá y no tendrá sentido revivir relaciones y situaciones. Habremos despertado.

Sus últimos pensamientos antes de dormirse son: ¿Tendré que volver a este mundo? ¿Adónde me llevará mi Conciencia?

Se le acerca una figura que él ya conoce, que le tiende la mano y le dice:

—Hola, querido héroe, ha llegado el momento de partir.

De repente, el héroe se ve a sí mismo fuera de su cuerpo, que queda inerte sin el alma que lo alimentaba y sostenía. A su lado está su mujer, plácidamente dormida.

—Sé lo que estás pensando —le dice el ser que lo acompaña.

—¿Puede ella venir conmigo ahora?

—Por supuesto que sí. Vas a ser tú el que le tienda la mano.

—Hola, cariño, ¿te apetece acompañarme? Creo que nos merecemos un descanso, otras experiencias. Ya hemos cumplido aquí, en este planeta. Hemos dado lo mejor de nosotros mismos. Vámonos.

Al instante, nuestro héroe y su querida esposa están frente al ser que los va a acompañar en este tránsito. Ambos se miran y sonríen. Piensan al unísono: «Parece que estemos en un aeropuerto haciendo un cambio de vuelo».

Salvo que esta vez el tránsito es a otro estado de conciencia, a otro mundo, regido por unas leyes absolutamente diferentes a las de la Tierra. Nuestro héroe comenta a su esposa, sonriendo:

—Parece que Max Planck tenía razón cuando dijo que no estaba seguro de que las leyes de las matemáticas y de la física que rigen este mundo vayan a regirlo en un futuro, pues lo importante es la conciencia.

El ser que los acompaña esboza una sonrisa de complicidad.

—Así es, querido amigo. El tránsito que realiza la conciencia cuando abandona este mundo está estrechamente relacionado con la vibración de la conciencia de cada uno.

Como podéis observar, no necesitamos ningún vehículo especial. Lo tenemos incorporado y se llama *alma*. Ella posee una vibración muy sutil que le permite trascender el tejido espacio-temporal tal como lo conocéis. Nos movemos por el pensamiento que produce la mente de cada uno. Ya sabéis la importancia que tienen los pensamientos. Vuestra vida ha estado relacionada con esta enseñanza y es una de las claves para alcanzar la libertad de espíritu.

—¿Adónde nos llevas? —pregunta nuestro héroe.

—De momento —dice riéndose—, vamos a ir a un lugar donde, por así decirlo, descansaréis en el pleno sentido de la palabra. Lo tenéis bien merecido. Recapacitaréis sobre todo lo vivido y luego cada uno decidirá su camino. Pero ahora esto no importa, todo tiene su momento, su aquí y ahora.

—Me estoy dando cuenta de que aquí no hay tiempo, de que todo es un ahora, y de que los sucesos que llamamos experiencias son simplemente opciones.

—Así es, vuestra vida ha sido una elección, habéis comprendido la importancia de los pensamientos, sentimientos y emociones. Hay almas que no vislumbran nada después de la muerte física y deambulan por el mundo como fantasmas. No se plantean la cuestión fundamental, la que lo mueve todo.

—¿No será la de que «tiene que haber otra manera»?

—Exacto, esta es la pregunta que lo cambia todo. Cuestionarse lo que ves, lo que vives y, en definitiva, todo lo que crees. Entonces empieza el proceso tal como tú y tu mujer estáis experimentándolo, y seguiréis haciéndolo porque el fin, como tal, no existe.

—Como almas, ¿qué ocurre con nosotros, que hemos tenido la experiencia de vivir juntos?

—Cuando decidáis qué hacer en vuestro proceso de despertar, tanto si decidís volver a encontraros como si no, os puedo asegurar que la experiencia no va ser nada dolorosa tal como se entiende en la Tierra. Vais a tener plena conciencia de que nunca habéis estado separados ni vais a estarlo; la separación es imposible en el caso de vuestras almas y de todas las almas del universo.

Nuestro héroe y su esposa no se han percatado de que están, por así decirlo, en otro lugar. No perciben con los ojos: su mente está libre de las limitaciones que imponía el cuerpo. Están envueltos en energía y lo que experimentan es un saber; es como si «**algo**» estuviera escuchando permanentemente.

«¿Será Dios esta sensación?», se pregunta el héroe. Su guía esboza una sonrisa de complicidad y le dice:

—Todo tiene su momento. Estamos inmersos en esta «sensación» de que, como muy bien dices, algo **escucha**. Es una palabra muy acertada, aunque las palabras nunca podrán explicar esta «sensación», pues es pura experiencia. Esta es la razón de lo que se llama vida, o vidas, aunque en verdad solo existe La Vida.

La escuela cósmica

—¿Dónde estoy? —se pregunta el héroe.

—Estás en el umbral donde todo es posible. Es la última barrera que la mente ha construido. Es la primera división en la que se manifiesta la conciencia, el comienzo y el final del viaje a la Esencia de lo que fue, es y será. Por cierto, yo voy a ser tu tutor en este primer proceso.

—Es un lugar muy hermoso.

—Sé lo mucho que te gustan las plantas y los paisajes agrestes y semisalvajes. Por eso te he traído aquí, a este lugar, para que te sientas cómodo, relajado y así podamos empezar nuestra tarea.

El héroe ha terminado con éxito el viaje que todos tenemos que hacer. Un viaje de ida y vuelta, un viaje sin distancias. El viaje del despertar que se realiza en un espacio/tiempo sin tiempo. Es un proceso de individuación donde el aspirante pasa por dos etapas fundamentales: la entrada en el sueño a través del ego y la salida del sueño gracias al proceso de deshacimiento del ego.

Es un viaje de la Conciencia de Unidad a la conciencia dual para volver a despertar a la Conciencia de Unidad, de la cual nunca es posible salir. Un viaje que se puede realizar gracias a la proyección de la mente. Un viaje onírico, un recorrido por la creación de un espacio/tiempo causado por el fenómeno de la proyección.

El *quid* de este viaje consiste en descubrir el gran poder que subyace en este proceso mental llamado proyección.

—¿Será mi último viaje a este mundo llamado Tierra?

El tutor, con gran contundencia, le responde:

—¿Qué viaje? Veo que sigues creyendo que has ido a alguna parte, sigues creyendo en el cansancio, aunque de forma sutil. Estar plenamente despierto es tener la mente abierta a la Consciencia, saber que tu única misión es observar todo lo que te rodea con la Visión que ve lo único que es real. Este es el gran regalo que cada cual debe aportar para activar el renacer de la humanidad.

El maestro sigue hablando a nuestro héroe:

—Llegará un momento en que esta pregunta desaparecerá de tu mente, pues ya no tendrá ningún sentido, no tendrás ningún atisbo de ella. Serás plenamente consciente del «poder» que tenemos, y la fuerza, que pertenece al ámbito de la dualidad, no tendrá sentido alguno para ti.

—¿Recuerdas el poder de mover montañas?

—Sí —responde escuetamente el héroe.

—Pues llegará un momento en el que lo sentirás y lo expresarás con todo tu ser. De hecho, es la plena manifestación del Ser que emana desde tu Conciencia al mundo onírico. No verás densidades: todo es energía, vibración, frecuencia y estas solo expresan un mundo, el de las conciencias que viven en ellas. La función del ser despierto es emplear la Visión con plena ausencia de juicio en cada experiencia que vive.

El tutor continúa:

—*Quiero que recuerdes, querido héroe, que todo lo que buscas, tus anhelos, son la expresión del impulso que está en ti. No hay nada fuera. La Consciencia es lo único real, todo lo demás son manifestaciones, emanaciones. Todo lo que has vivido, todo lo que vas a vivir en este espacio/tiempo surge de lo Eterno y Único, la Consciencia, llamada también Conciencia de Unidad.*

El héroe interrumpe al maestro diciéndole:

—*El viaje para llegar hasta aquí ha sido duro, por eso te he hecho la pregunta. La verdad es que no deseo volver, me siento cansado y feliz a la vez. Son dos sensaciones contrapuestas.*

—*Puedo asegurarte con plena certeza que desearás volver* —responde el maestro. *En toda partícula de Conciencia hay un anhelo de volver al sentimiento supremo de unidad. Existe la Voz que te guía, a la que llamamos Espíritu Santo, que te susurra constantemente diciéndote que estás dormido y que todo es una pesadilla. Llega un momento en el que esta voz forma parte del sueño, al igual que cuando estás dormido y acoplas a tu sueño un ruido externo. Si el ruido persiste, ocurre lo inevitable: despiertas. Este es el propósito del E.S. (Espíritu Santo), despertarte.*

—¿Volver? —exclama el héroe.

—¿Te extraña?

—Es que siempre he creído que al final todo desaparecerá.

—Nada es real, por lo tanto, no puede desaparecer. Es una experiencia para tomar plena conciencia de lo que realmente somos. Vivir estas experiencias que llamamos *vidas* es un divertimento, un conocerse a sí mismo como una partícula de sabiduría. La sabiduría se conoce a Sí Misma a través de Sí Misma. Aquí surge la dualidad y se llega a experimentar la más profunda soledad para tomar conciencia de que ella no es posible.

—Se hace arduo entender todo esto.

—Como tú ya sabes, no se puede entender. Se trata de tener la experiencia, y en ella no caben las creencias, que siempre nos limitan. Estamos en este ahora porque tu conciencia está abierta a él. Cuando estás durmiendo, sueñas. Cuando despiertas, ¿dónde están tus sueños? ¿Existen? ¿Han desaparecido?

—Bueno, de alguna manera yo respondería sí a ambas preguntas —dice el héroe.

—Todo lo que puede desaparecer no es real, y por lo tanto no puede existir. Recuerda lo que dice *Un curso de milagros*:

«Nada real puede ser amenazado,
Nada irreal existe,
En esto radica la paz de Dios»
(Intro.2.2-3)

—Ufff, pues es una irrealidad muy... muy densa, muy «real». Hay dolor, sufrimiento, enfermedad, muerte...

El tutor interrumpe:

—Todo esto que expones está sustentado por una creencia fundamental: el castigo. El castigo se alimenta de la culpabilidad, de la creencia en la separación. Como ves, querido héroe, todo está sustentado por las creencias, y estas se alimentan de la mente individual y colectiva, pero están permanentemente conectadas a la Fuente, la Gran Mente.

—Entonces, la clave de todo está en las creencias. Si este es el problema, la solución es sencilla: deshacer las creencias. Pero muchos dirán que esto es muy difícil.

—La palabra difícil se sustenta en una creencia, la separación, que emana de otra: que tú no eres Hijo de Dios. No se es consciente del poder que contiene la combinación de pensamiento y creencia. Por eso, el Curso nos enseña que debemos mantenernos «alertas» en relación con los pensamientos que alborean en nuestra mente.

El héroe asiente con la cabeza y recuerda una frase del Curso, concretamente del prefacio, que dice:

«La verdad es inalterable, eterna e inequívoca. Es posible no reconocerla, pero es imposible cambiarla... La verdad está más allá del aprendizaje porque está más allá del tiempo y de todo proceso».

—Somos Consciencia y, al sentirse separada, surge la conciencia con su *software*, la mente, y ambas empiezan a «fabricar» el mundo tal como lo vemos. A continuación, surge la percepción, y automáticamente el mundo de la ilusión. La mente es la única que evalúa los mensajes, mejor dicho, sus mensajes, que proyecta de forma constante. Por lo tanto, solo ella es responsable de lo que vemos. Solo la mente decide si lo que vemos es real o ilusorio, deseable o indeseable, placentero o doloroso.

—Por eso la mente es la que necesita curación —contesta el héroe.

—Y por eso tampoco puede haber grados de dificultad en la curación, debido al simple hecho de que la enfermedad existe dentro del mundo de la ilusión. En otro momento seguiremos hablando de todo esto, sobre todo de la mente, querido héroe.

****

—¿Qué es lo que veo en ti y en mí? No es un cuerpo, por supuesto. Parece que lo es y a la vez parece que no. Es fluctuante, liviano, muy sutil, y percibo que responde a mis palabras y sentimientos.

—Estás hablando del alma, percibes la tuya y la mía. El alma es el primer vehículo que sostiene la conciencia.

El tutor adquiere un aire didáctico, preparándose para lo que a todas luces va a ser una especie de clase magistral.

—Por cierto, hay cierta confusión con respecto al alma: que si el alma es, que si no es, que somos un alma, que tenemos un alma, etc. Debe quedarte muy claro que el alma implica separación, y por ello pertenece al mundo dual. El solo hecho de emplear la expresión «mi alma» ya indica dualidad, separación.

—¿Dónde se halla la mente?

—La mente une al Espíritu y al alma. La mente es la que elige la idea de separación. Se halla entre estos dos. El Espíritu es la chispa de Conciencia, la que sabe que todos somos una unidad. El alma está conectada con ella gracias a la mente una. Ella es la que toma la decisión de tener la experiencia onírica que llamamos vida. Decide experimentarse y reconocerse en un proceso llamado individuación que ya conoces muy bien. A modo de analogía, es como si de un gran fuego se desprendieran pequeñas llamitas. Estas son portadoras de la esencia del gran fuego y son fuegos capaces de crear a su vez grandes fuegos. Esta es la esencia de la que todos y cada uno estamos hechos.

Nuestro héroe escucha con atención, diciéndose internamente «ya lo sabía». A continuación, se dirige al tutor con una reflexión:

—Por lo que estoy entendiendo, lo que me explicas es filosofía, es la idea neoplatónica. Por lo que sé, esta corriente filosófica se sustenta en el **principio de que todo** lo existente es una *unidad absoluta*, lo **Uno** o la realidad suprema, y que de ella surgen todas las realidades por *emanación*. El primer ser emanado del Uno es el *Logos*, también llamado *Verbo*, la Inteligencia que contiene las ideas de las cosas posibles. Después, esta Inteligencia se encarga de engendrar el *Alma*, que implica el principio del *movimiento* y de la *materia*.

—Muy bien —asiente el tutor—. Ciertamente Platón era un ser despierto y sus semillas fructificaron. Para él, el alma era un principio vital, una especie de potencia o capacidad que da vida a los seres. En realidad, el alma sostiene al espíritu, que es la potencialidad. Lo importante es tener en cuenta el poder del pensamiento que emana de la mente una. El ser humano no tiene en cuenta este poder y cree que sus pensamientos no van a ninguna parte. Piensa y cree que solo somos responsables de nuestros actos y no de nuestros pensamientos, pero los primeros son consecuencia de los segundos. Cuidar de nuestros pensamientos es la gran disciplina, con ellos creamos lo que llamamos realidad. No hay pensamientos fútiles, todos crean algo en algún lugar o momento.

»Lo que acabas de decir de la filosofía neoplatónica se expresa muy claramente en el libro que te ha abierto la mente. Como puedes suponer, me refiero a *Un curso de milagros* (Curso). En él queda muy claro lo que es la conciencia.

»Vamos a recordarlo porque, como también sabes, la repetición es una de las claves para que se produzca la deseada apertura de la mente. La repetición ingeniosa forma parte del estilo del Curso. Sería imposible aprenderlo si no expresara sus ideas una y otra vez. De hecho, la repetición es obligatoria.

«La conciencia es el estado que induce a la acción, aunque no la inspira» (T.1-II.1:8).

«La conciencia —el nivel de la percepción— fue la primera división que se introdujo en la mente después de la separación, convirtiendo a la mente de esta manera en un instrumento perceptor en vez de un instrumento creador» (T.3-IV.2:1).

Cuando uno dice «he tomado conciencia», ya solo le queda actuar. La toma de conciencia, que sería como un pequeño despertar, induce a la acción por el impulso del espíritu, y lo hace sin juicio.

—Entonces deduzco que la separación fue una idea.

—No hubo un pecado original, hubo un pensamiento original. Una idea de que la separación podía ser posible, y aquí surgió lo que se describe como la expulsión del Edén.

—Si entiendo bien, me estás diciendo que, al nacer esta idea, apareció el alma para poder sustentarla.

—Así es. Por eso la mente es la conexión entre el espíritu y el alma.

—¿El alma nace inocente?

—La esencia del alma es pura inocencia, por eso se habla tanto de ella, porque soporta la dualidad en la que el mundo se ha sumergido.

El héroe está ensimismado en sus pensamientos y reflexiones. Siente que las piezas de su rompecabezas mental se van poniendo en su sitio. Sigue preguntando y expresando sus cavilaciones:

—Se habla, y mucho, de la pureza del alma. Para referirnos a una persona que es incapaz de hacer daño a nadie, y que ni siquiera piensa nada malo de los demás, solemos decir que es una persona con un alma muy pura.

—El motivo por el que estamos aquí, nuestra función, es precisamente esa. Tomar conciencia de lo que realmente somos y de nuestro potencial. Usamos la mente para elegir la idea de separación, que manifestamos mediante el alma y el cuerpo. Al instante, nuestra mente queda dividida: una parte la conforma nuestra esencia, a la que llamamos Espíritu, y la otra el ego. Podemos elegir ver a través del Espíritu o a través de nuestra alma, que sostiene a la mente egoica, que alimenta la idea de separación y gracias a la cual existe. La máxima siempre es la siguiente, nunca hay que olvidarlo: «Aquello que elijas es lo que pensarás que es real. Se convertirá en aquello que crees y será lo que te afectará».

—Por favor, sigue hablándome del alma.

—Vamos allá —responde el tutor—: te voy a hablar del alma, querido héroe. Antes de nada, quiero dejar muy claro que tú no eres ni cuerpo, ni mente ni alma. El cuerpo es un vehículo denso que ha sido creado por tu Conciencia y que te permite deambular por este mundo, que está regido por leyes muy concretas que lo mantienen tal como lo sientes y percibes.

»Tienes otro vehículo muy sutil, el más sutil, que te permite moverte por todo el universo o, mejor dicho, los universos: un vehículo que no está sujeto a las leyes antes mencionadas. Para él no existe el espacio/tiempo tal como ahora lo concibes. Has podido sentir todas las experiencias extra-corporales que has tenido gracias a este vehículo llamado alma.

»La Consciencia (la unidad), para poder experimentarse a Sí Misma, produce la emanación de Sus partículas, las cuales son la conciencia tal como la conocemos y experimentamos. Su principal vehículo es el alma, con la que llegamos a identificarnos, por eso hablamos de nuestra alma. Ella es lo único que nos separa de la Conciencia de Unidad. Por lo tanto, el alma existe en la dualidad, por eso hablamos de almas, de mi alma, de tu alma, del alma del mundo, etc. Es el primer vehículo de la Conciencia que le permite experimentar la dualidad. El alma está impregnada de impermanencia, y ello le permite llegar a la maestría suprema, al pleno Conocimiento de Sí Mismo. Gracias al alma, la conciencia puede desarrollar la Sabiduría de que ella contiene al Todo. No hay que buscar más.

»Perdemos el contacto con nuestra alma cuando estamos plenamente identificados con el mundo dual. Por ello, **el encuentro más importante es ser plenamente consciente de ella,** y darnos cuenta de hasta qué punto está soportando el peso de nuestros juicios.

»En algunas religiones se dice que las almas se condenan. De hecho, esta condenación es fruto de vivir en nuestra mente el mundo de la dualidad. A veces se dice de alguien que tiene un alma sucia. Está sucia porque la conciencia que ella sostiene está inmersa en la creencia de que la separación es real. Esta conciencia desarrolla su ego a toda velocidad, y de aquí surgen los supuestos pecados, que el Curso deja muy claro que son errores. Si esta conciencia sigue sumergida en esta dualidad, va acumulando culpabilidad inconsciente, y ello, de forma inevitable, le generará una experiencia de castigo, a la que muchos llaman infierno.

»Así como el cuerpo físico manifiesta este desequilibrio en forma de dolor, el alma sufre porque soporta la tensión entre la inercia del mundo dual y el deseo ardiente de regresar a la unidad; este deseo ardiente es la llamada del espíritu, la «llamita» que emana de la Consciencia Una.

Se hace un silencio, como dejando que las ideas se aposenten en la mente de nuestro héroe. El tutor retoma su plática.

—Voy a adelantarte algo que ya intuyes: uno de los momentos más gloriosos será aquel en el que conozcas tu alma. La experiencia que vas a tener cuando debas irte de mi lado será precisamente esta: **encontrarte con tu alma.**

—¿El alma es inmortal? ¿Puedes aclarármelo, por favor?

—Por supuesto, el alma no puede morir, entendiendo este concepto tal como lo consideramos cuando nos referimos al cuerpo físico. El alma se funde en la Energía Infinita cuando la conciencia que ella sostenía se funde en la Conciencia de Unidad, en el Todo. Mientras esto no sucede, el alma es el vehículo que nos permite, por ejemplo, hacer lo que estamos haciendo en este momento y viajar a cualquier espacio/tiempo que deseemos o necesitemos experimentar. El alma es una extensión de tu conciencia despierta y le da forma a esta.

»En la Tierra existió un gran maestro al que todavía no habéis entendido y que aún no ocupa el lugar que le corresponde; me refiero a Carl G. Jung. Él dedicó dieciséis años a escribir un libro que a la postre fue su gran legado: *El libro rojo*. Vamos a recordar algunos párrafos para que veas hasta qué punto entendía el alma: «Aquel cuyo deseo se aleja de las cosas externas, alcanza el lugar del alma. Si no encuentra el alma, el horror de la vacuidad lo abrumará, y el mundo lo controlará con un látigo, azotándolo una y otra vez en una desesperada empresa y con un ciego deseo por las cosas superficiales de este mundo. Se convierte en un tonto a través de su interminable deseo, y olvida el camino del alma, para nunca volver a encontrarla. Perseguirá todas las cosas, y las obtendrá, pero no encontrará su alma, ya que sólo la podría encontrar en sí mismo. En verdad, su alma yace en las cosas y en los hombres, y el ciego se aferra a las cosas y a los hombres, pero no ve su alma en las cosas y en los hombres. No tiene conocimiento de su alma. ¿Cómo podría distinguirla de las cosas y los hombres? Podría encontrar su alma en el deseo en sí, pero no en los objetos del deseo. Si poseyera su deseo y su deseo no lo poseyera, él podría asir su alma, ya que su deseo es la imagen y la expresión de su alma».[1]

—Extraordinario, siempre he sido un enamorado de este ser. Entonces, si entiendo bien, el alma puede ir al infierno como consecuencia de ser arrastrada por la ceguera de la mente dual.

—Muy bien, querido héroe. Mantenemos nuestra alma en el infierno simplemente porque estamos dormidos. Para salir del averno hay que deshacer el apego al mundo dual, trascendiendo los demonios que la mantienen atrapada en esta oscuridad. En realidad, los demonios son nuestras creaciones y se hallan en nuestra mente inconsciente, que alberga todo lo que condenamos, nuestros juicios, las cosas que creemos que no deberíamos hacer y un largo etcétera.

»Como muy bien sabes, cuando desencarnamos, vamos allá donde nuestra conciencia nos lleva (vibración), y el vehículo que nos traslada es nuestra alma.

»Vivir en la más absoluta oscuridad es una consecuencia de la culpa inconsciente. En esto se sustenta el inframundo. Nunca hay que olvidar que la culpa clama castigo, y se le concede. Veamos cómo nace esta culpa inconsciente: en el mundo dual, la gran adicción es la proyección de la culpa, por el simple hecho de que no se puede soportar el dolor psicológico de no saberse perfectos, y por el terror que se tiene a los juicios (opiniones) de los demás. La justificación anida en la mente y refuerza el mundo dual. Vivir en ella es aferrarse al miedo y a la culpabilidad. La proyección es la gran solución que nos

---

1. (https://pijamasurf.com/amp/2018/08/jung_en_el_libro_rojo_sobre_el_momento_en_el_que_encontro_su_alma_el_momento_mas_importante_de_su_vida/)

alivia, pero el alma es la que soporta la tensión entre la Verdad (la Consciencia) y la mentira (la Conciencia).

»En este proceso enterramos nuestra alma en el inframundo, en la más profunda soledad. La liberación de tamaño sufrimiento tiene que hacerla la mente, una mente que se ha puesto al servicio del Espíritu Santo (E. S.). La mente debe deshacerse de todas las creencias (cadenas) que mantienen al alma atrapada en el dolor y el sufrimiento. Esto es el infierno, en él residen, en él se da existencia a los demonios que atormentan el alma. Los *demonios* son entidades que viven y sostienen las más profundas creencias de separación creadas por la *mente oscura*, que se siente separada del Espíritu. Y que cree firmemente que puede luchar y desprenderse de Él.

»Como comprenderás, tamaña demencia no es real, pero se experimenta como si lo fuera, convirtiéndose en la roca sobre la que el ego ha construido su iglesia. No existe la lucha entre el bien y el mal; es una ilusión, una pesadilla terrorífica. Solo hay una condenación: «Al final de los tiempos, todos despertaremos». Este es el Amor Divino. Esta es nuestra esencia. Por eso, la *Esencia Prístina* se proyectó en lo que conocemos como Espíritu Santo para asegurarse de que despertemos en «casa», de donde nunca hemos salido.

—¡Bufff, qué fuerte! He sentido un profundo vértigo, lo he sentido con toda mi alma. Ahora entiendo perfectamente esta expresión. Gracias.

El tutor sigue tal cual, impertérrito, en calma. Sigue llevando la conciencia del héroe al recuerdo de lo que nunca se puede olvidar. Es un proceso de desaprender, de quitar. Siempre hay que tener presente que todo lo que aprendemos no se pierde. Si olvidamos temporalmente lo aprendido, acabará volviendo a nuestra Conciencia.

Vendrá reinterpretado gracias a que la mente ha sanado. Este es el camino de la iluminación. Primero olvidamos la verdad, pero después la recordamos por y para siempre.

—Cuando la mente, guiada por el E. S., se desprende de apegos y juicios y empieza a sanar su percepción, recupera el contacto con el alma y comienza la liberación. El proceso se activa cuando la mente se cuestiona si el mundo donde cree vivir es real. Para que el alma pueda fundirse en el Espíritu tiene que superar el pensamiento, que es la herramienta esencial que la mente utiliza para «fabricar» el mundo.

»Todas las enseñanzas de los grandes maestros que han existido en todas las razas y en todas las épocas son inspiración del Gran Espíritu, que entra en el sueño gracias a una «emanación suprema» llamada Espíritu Santo (E. S.).

»Veamos el mensaje de otro gran maestro que tú tienes en gran estima y que en su momento fue tu maestro. Me refiero a Rumi: «No eres una gota contenida en el océano. Eres todo el océano contenido en una gota». «Mi alma es de otro lugar, estoy seguro de eso, y tengo la intención de terminar allí.»

»Tu alma es el único vehículo que te llevará de vuelta a casa. Ella conserva el recuerdo de cómo volver. Ya sabes que es un viaje sin distancias. Cuando nace un alma, se pone en marcha para reencontrarse con el Espíritu Universal. Vamos a dejar las lecciones por el momento —sugiere el tutor.

—Pero si no estoy cansado.

—Aquí es imposible estarlo, la idea del cansancio pertenece a la mente dual. Además, tampoco tienes sensación de tiempo ni de espacio. Como ya te he dicho, el lugar en el que crees que estamos es una creación de mi mente para que la tuya se sienta cómoda y tranquila. Pasea y conoce a otras almas que están en su camino, tal como tú estás en el tuyo. Interactuar con ellas te reafirmará, y además disfrutarás de espacios y paisajes espectaculares, todos ellos fruto de vuestras mentes liberadas.

»La próxima vez que nos veamos, te hablaré del camino que el gran maestro Buda consideró más adecuado: el sendero del medio, el que resuelve la tensión entre el más puro ascetismo y el más puro materialismo.

»Es un camino que se abre a la mente de todo aspirante que desea liberarse definitivamente del deseo y del apego, y permite fundirse en el inmenso flujo de la Conciencia Una. Es la «muerte Suprema», la muerte definitiva del ego que se produce al tomar una simple decisión plena de sabiduría, de conocimiento, sustentada por la certeza de que no eres esta identidad. Recuerda estas palabras: «Serás plenamente Consciente de que eres Consciencia en un mar infinito al que llamarás Mí Mismo».

El sendero

Nuestro héroe se encuentra deambulando por unos paisajes montañosos y unos valles llenos de flores que él nunca había visto. Está con su compañera de viaje y sus almas se regocijan con el esplendor que los rodea. Es imposible que el héroe llame a esta alma *esposa*, eso pertenece al mundo dual. Solo existen compañeros y compañeras de viaje. Almas que vibran en pura resonancia. Almas que no tienen nada que decirse simplemente porque están unidas, y cada una de ellas resuena con lo que la otra piensa o siente. El dos ya no existe en ellas.

—Estamos unidos en la Eternidad. Todo está perfectamente unido y la frecuencia de las conciencias conforma las experiencias. Me siento unido a la de ella, que fue mi esposa. Ahora sé que hemos estado juntos en otras vidas y en otras épocas —reflexiona nuestro héroe.

A lo lejos ve acercarse una figura que ya le es familiar.

—Hola, ya veo que estás disfrutando del paisaje y «saboreando» tus pensamientos y reflexiones.

—Por cierto —interrumpe el héroe—, ¿por qué no utilizamos nuestros nombres? Supongo que tú tienes nombre.

—El nombre nos separa y no tiene sentido cuando las almas se reconocen. Yo soy tu tutor, pero esto no me hace especial, ni mejor, ni superior. En este mundo en el que estamos ahora, todos sabemos quiénes somos, no hay nada que ocultar. ¿Qué sentido tendría ocultar algo si todo se sabe? Mostrar una cara y ocultar otra es la doctrina del ego, la del mundo de la dualidad, y ello solo trae miseria, dolor y enfermedad. Aquí no hay nada de eso. Entre la gente que se hace llamar «espiritual», algunos se ponen nombres o se lo cambian. ¿Qué sentido tiene esto?, cabe preguntarse. Su sentido reside en vivir el especialismo del ego, que es separación. Nadie puede dejar de ser espiritual, pues todos somos la esencia del Espíritu. Cuando digo todos, me refiero a absolutamente todo: las plantas, las piedras, tu coche, tu casa... Todo.

—Por llamarlo de alguna forma, este lugar es el mundo real —afirma rotundamente el héroe.

—Así es. Veamos qué nos dice el Curso del mundo que has dejado, y de paso lo recordamos, que es algo muy sano para la mente. Por cierto, más adelante hablaremos de la mente:

«El mundo que tú percibes no pudo haber sido creado por el Padre, pues el mundo no es tal como tú lo ves. Dios creó únicamente lo eterno, y todo lo que tú ves es perecedero. Por lo tanto, tiene que haber otro mundo que no estás viendo» (T-11.VII.1:1-3).

«El mundo real ciertamente se puede percibir. Lo único que ello requiere es que estés dispuesto a no percibir nada más. Pues si percibes tanto el bien como el mal, estarás aceptando lo falso y lo verdadero, y no estarás distinguiendo claramente entre ellos» (T-11.VII.2:6-8).

»En el apartado *La consecución del mundo real*, el Curso nos dice: «Siéntate sosegadamente, y según contemplas el mundo que ves, repite para tus adentros: el mundo real no es así. En él no hay edificios ni calles por donde todo el mundo camina solo y separado. En él no hay tiendas donde la gente compra una infinidad de cosas innecesarias. No está iluminado por luces artificiales, ni la noche desciende sobre él. No tiene días radiantes que luego se nublan. En el mundo real nadie sufre pérdidas de ninguna clase. En él todo resplandece, y resplandece eternamente» (T-13.VII.1).

»Y también nos enseña la condición para estar en él: «Lo único que necesitas hacer para abandonarlo y reemplazarlo gustosamente por el mundo que tú no creaste, es estar dispuesto a reconocer que el que tú fabricaste es falso» (T-13.VII.4:4).

»Como puedes ver, el Curso no nos dice que no vivamos en el mundo, sino que simplemente lo percibamos de otra manera. Recalca implícitamente la importancia de nuestra percepción, y por supuesto de mantenernos alerta a los pensamientos que la alimentan: «No tienes que cambiar el mundo del sueño, solo la manera de mirarlo».

»La realidad no tiene forma ni contorno alguno. De modo que no habrá Cielo en la Tierra. El Curso no tiene como objetivo un mundo mejor, pues esto lo mantendría en el sueño. El Curso nos enseña a cambiar la percepción, a sanarla, y llama a esta percepción verdadera o inocente: «La percepción verdadera, o percepción inocente, significa que nunca percibes falsamente y que siempre ves correctamente. Dicho de una manera más llana, significa que nunca ves lo que no existe y siempre ves lo que sí existe» (T-3.II.2:5-6). Querido héroe, como puedes ver, lo importante es la mente y cómo la utilizamos. Pregúntame lo que quieras.

—Entonces, ¿qué es la mente?

—La mente es la activadora del espíritu. Toda Inteligencia está sostenida por la mente. Solo hay una mente, a la que podemos llamar universal. En ella no rigen las leyes convencionales que conoces, como las del espacio y el tiempo. En Ella todo es ahora, todo es potencial de manifestación.

»El Curso nos dice: «El término *mente* se utiliza para representar el principio activo del espíritu, el cual le suministra a este su energía creativa» (CL.1.1:1). «Activamos el espíritu eligiendo con la mente.» [2]

—¿Las mentes individuales también están unidas?

—Sí, la mente no está encerrada en el cerebro. Más bien, el cerebro está en la mente. Como recodarás, Georg Groddeck, un adelantado a su tiempo, lo tenía muy claro. Él comprendió que toda enfermedad está en la mente, al igual que toda sanación. Muchos otros eruditos, muchos de ellos científicos, ya han dicho y afirmado lo que ahora estamos viviendo. Como dijo el físico William Tiller: «Todos estamos conectados». Estamos interconectados. Si quieres, llámalo interconexión cuántica, de acuerdo, pero el hecho es que estamos interconectados. Y no hay una separación real entre nosotros, de manera que lo que hacemos a otro, se lo hacemos a un aspecto de nuestro ser. En este sentido, ninguno de nosotros es inocente.

»Hay algo ahí fuera que no nos gusta, pero en realidad no podemos volverle la espalda porque, de un modo u otro, somos sus co-creadores. Y tenemos que hacer lo correcto para intentar alcanzar un futuro mejor para todos.

»Esta es nuestra responsabilidad como co-creadores. Y en el proceso, tanto si nos hacemos políticos como teólogos, científicos, médicos, o cualquier otra cosa, todos podemos contribuir a la vida y hacer lo que pensamos que es mejor. Esto requiere que pensemos las cosas de verdad, que reflexionemos y actuemos reconociendo que todos los demás son nuestros hermanos y hermanas, y que es un asunto de familia. Eso es.

---

2. Kenneth Wapnick, *Love Does Not Condemn*, Temécula (CA), Foundation for ACIM.

Ambos, héroe y tutor, ahondan en ser conscientes de que hay que cuidar la mente, recordando la actitud necesaria para ello. Reconocen que la mente no para nunca y que la única opción es estar alerta como observadores. No somos la mente, ella es el reflejo de nuestra conciencia. Con ella creamos lo que llamamos nuestra realidad.

—Cuida tu mente, querido amigo, esto es lo más importante. Es algo que se ha dicho a lo largo de siglos, en todas las lenguas y en todas las culturas, y el mundo sigue resistiéndose a esta gran verdad. Una de las figuras más prominentes de la historia, William Shakespeare, que era un ser iluminado, lo dejó muy claro en *Hamlet*, una de sus obras: «No hay nada bueno ni malo, es el pensamiento humano el que lo hace aparecer así». Recordemos también algunas perlas de sabiduría del ser iluminado que fue Buda: «La mente lo es todo. Lo que pienses, en eso te conviertes». «Todo lo que somos es el resultado de lo que hemos pensado. Si un hombre habla o actúa con astucia, a eso le sigue el dolor. Si lo hace con un pensamiento puro, la felicidad lo sigue como una sombra que nunca lo abandona.» «Somos lo que pensamos, todo lo que somos se levanta con nuestros pensamientos. Con ellos creamos el mundo.»

—La mente no para nunca, querido tutor. Deduzco que debemos mantenernos muy alerta con respecto a lo que pensamos.

—Muy cierto, aquí reside la principal disciplina. Te recuerdo que el Curso nos dice que no estamos solos en esta tarea y que podemos ofrecerle todos nuestros pensamientos al E. S. Un recurso extraordinario es el *Instante Santo*, que, como muy bien sabes, es el que corrige nuestros errores. Al pedir el Instante Santo, estamos reconociéndolo y pidiendo expiación. Pedimos percibir de una forma más elevada, sin juicio.

»El Curso nos recuerda que somos demasiado condescendientes con nuestros pensamientos. No vemos que nuestros actos son precisamente una consecuencia de ellos. La mente es como un jardín: los pensamientos son las semillas, el agua con que las riegas son tus acciones y el sol que les da vida son tus emociones. La conciencia de cada cual es el jardinero. La pregunta es: ¿cómo cuidas tu jardín? Si no lo sabes, observa lo que te rodea: tu casa, tus familiares, tus amigos, tus compañeros de trabajo y un largo etcétera.

—¿A qué es debido que yo tenga la mente llena de pensamientos? —pregunta el héroe.

—Muchos de esos pensamientos te los han puesto desde la más tierna infancia y conforman un sistema de creencias, que vendría a ser el filtro con el que percibes el mundo, que en verdad es tu mundo. Por eso, no todos ven el mismo mundo, aunque sí el mismo hecho. Vas recogiendo otros pensamientos de tu andadura en lo que llamas vida.

—Entonces, si me pongo a pensar de cierta manera, obtendré aquello que pienso.

—Esto no es así; el pensamiento positivo ya es algo muy conocido. No sirve de nada recitar cualquier cosa si no le acompaña un sentimiento y una emoción de certeza. Además, te recuerdo algo fundamental: *el Curso no es un libro sobre cómo conseguir lo que se desea.* El Curso nos recuerda que el mundo no existe y que el mayor logro es despertar, no conseguir lo que se desea, pues ello no nos libera de nada y más bien nos atrapa en la ilusión.

—Los llamados pensamientos negativos molestan y hacen mella en tu cuerpo. Es algo que se nota enseguida, y la kinesiología lo demuestra constantemente. ¿Qué hay que hacer con ellos?

—Todo pensamiento indica cómo percibimos las cosas, y la percepción está muy determinada por nuestras creencias. Este es el meollo de la cuestión. Respondiendo a tu pregunta, observa tus pensamientos supuestamente negativos, observa su fuente, y verás que detrás de ellos hay una razón para su existencia: las creencias. Deja que fluyan, acéptalos, y, sobre todo, no los juzgues. Esto te permitirá conocerte.

****

El tutor retoma su charla para activar el recuerdo del héroe:

—Hay que evitar la tentación de creer que debemos renunciar al mundo, porque al renunciar al mundo este se hace real en la mente. Recuerda esto, no me cansaré de repetirlo: **el mundo dual, es eso, dual. No puede desparecer una de las polaridades**.

»Uno de los errores que cometen los buscadores espirituales es *resistirse al mundo*, y, al hacerlo, están dándole realidad en su mente. A la corta o a la larga esto llevará al dolor, porque aquello a lo que te resistes acaba atrapándote.

»Piensa que el mismísimo Buda cayó en este error con la práctica de un ascetismo extremo, creyendo que así huía del mundo cuando lo cierto es que estaba haciéndolo más real.

El tutor sigue aclarando las posibles dudas. Sabe que la repetición ha de ser constante, como una especie de gota que va cayendo continuamente encima de la roca hasta que la agujerea. Así, hemos de ser de constantes, sin prisa pero sin pausa, pues ¿qué sentido tiene el tiempo para la eternidad?

—Otro error consiste en creer que la felicidad reside en tener, en estar permanentemente en un estado emocional libre de preocupaciones. Esto hace que las personas vivan en la insatisfacción constante y en el miedo a perder aquello que creen que han conseguido. Esta polaridad tan dispar crea una tensión (*la tensión entre opuestos*) en la que solo hay una solución, que consiste en que el aspirante debe aprender a estar en los dos polos sin dejarse llevar por su influjo. Aquí se abre «el sendero del medio», también llamado *el filo de la navaja*.

»Recuerda —dice el tutor— que la idea nunca abandona su fuente, donde siempre permanece. Este es el único lugar donde es posible cambiar el pensamiento y tratar el problema. Esto ya nos lo dijo Lao-Tse.

»Cuando la mente se abre a otras posibilidades, gracias a que la conciencia ya empieza a cuestionarse, nos damos cuenta de que la causa está en nosotros y, por lo tanto, también la solución.

El héroe reafirma la enseñanza recibida:

—Recuerdo perfectamente haber leído que Buda se dio cuenta de que él no era el sueño, sino el soñador. En realidad, no estaba en el sueño en absoluto. El sueño venía de él, y él no era un efecto del sueño, sino su causa. Practicó el ascetismo a ultranza, renunciando al mundo del que provenía (había vivido en un palacio alejado de toda fealdad y pobreza) para darse cuenta de que este no era el camino.

—Exacto —confirma el tutor—. Comprendió que hay que estar en el mundo, pero no pertenecer a él. La vida de Shakyamuni (Siddhartha pertenecía al clan de los Shakya) ejemplifica una interpretación básica del camino medio, entendido como el camino entre dos extremos, semejante a la idea de Aristóteles de «el justo término medio» por el cual «toda virtud es un término medio entre dos extremos, cada uno de los cuales es un vicio».

»Nacido como príncipe, Shakyamuni pudo disfrutar de todos los placeres y comodidades materiales. Sin embargo, se sentía insatisfecho con la persecución de placeres efímeros y salió en busca de una verdad más profunda y duradera. Así fue como inició un periodo de práctica ascética extrema, privándose del alimento y del sueño, con lo que se situó al borde mismo del colapso físico. Al percibir la inutilidad de este camino, comenzó a meditar con la profunda determinación de captar la verdad de la existencia humana, una verdad que se le había escapado tanto en la vida ascética como en la vida llena de lujos. Fue entonces cuando rechazó tanto la mortificación como la indulgencia. Al hacerlo, Shakyamuni despertó a la verdadera naturaleza de la vida, a su eternidad, a su profundo manantial de vitalidad sin límites, y a su sabiduría.

—Estar al lado de un maestro ayuda a despertar. ¿Qué pasa si no lo encuentras?

—Un maestro no puede hacer el trabajo mental de sus discípulos. Mucha gente piensa y cree que si están al lado de un maestro, este les liberará y se iluminarán. Hay personas bien intencionadas que creen que haciendo lo mismo que el maestro, tanto si es vestirse, como comer o cualquier otra rutina que él haga, están siguiendo el camino de la iluminación. Estas personas están plenamente asentadas en la dualidad, en el hacer, en la causa exterior. El maestro solo señala la dirección correcta. El alumno tiene que centrarse en aplicar los principios metafísicos a su vida y a cada circunstancia, entendiendo que las circunstancias no le son ajenas.

»Si en tu vida no aparece ningún mentor, siempre tienes al E. S. Él nos enseña algunos pasos a tener en cuenta que llevan inevitablemente al despertar. Veámoslos:

- No hay que salvar al mundo, pues no hay un mundo al que salvar.
- Pide al E. S. que te diga cuál es tu función especial.
- Pídele que te enseñe su Perdón. Aprende a no reaccionar con el ego. Pide un Instante Santo.

Nunca hay que olvidar:

- Lo que ves no es real, no es verdad.
- Lo que ves es una interpretación, una proyección procedente de tu mente inconsciente. Tú ves que hay un accidente, pero no sabes para qué está ocurriendo. Perdónate y perdona por vivir esta experiencia. Haz todo lo que esté en tus manos, por supuesto, pero hazlo desde el E. S. Estás teniendo un sueño, una pesadilla, y alguien tiene que ver la verdad. Así es como se libera el dolor del mundo. No hay que hacer nada más, ni tampoco nada menos.

»Querido amigo, vamos a dejar que estas enseñanzas vayan asentándose en la mente, y te emplazo a un nuevo encuentro, en el que hablaremos del perdón.

El perdón

«Todos los dolores de la vida están creados por algún tipo de juicio, que hace que la creencia en la separación sea real, pero dentro de ti está la posibilidad de acabar con todo el sufrimiento mediante el perdón, y de disolver el sistema de pensamiento del ego. El diablo desaparece junto con él, porque son uno y lo mismo.»[3]

El mundo está a la espera del perdón. Aplicarlo correctamente es la función de todos y de cada uno. Con su aplicación ahorramos tiempo, ahorramos dolor y sufrimiento; más adelante recordaremos en qué se sustenta. Si se quiere despertar en este mundo, la repetición de las enseñanzas se hace imprescindible.

Quiero decirte algo muy importante sobre el perdón: es equivalente a la percepción verdadera, en la que no hay necesidad de perdonar, pues no hay nada que perdonar. Esto es tremendo para una mente que vive en la dualidad. No lo puede entender, pues cree —ya estamos otra vez con las creencias— que algo externo puede amarte o hacerte daño, cuando, en realidad, lo que percibimos como externo está estrechamente vinculado a nuestra vibración, a nuestra forma de ver y percibir el mundo. Por tanto, cuando vemos con la percepción inocente, no hay juicio, no hay culpables ni víctimas. Este es el perdón del Espíritu Santo.

—Me estoy dando cuenta de que, a pesar de todo lo que sé, de todo lo que he vivido, sigo estando en la dualidad —reflexiona el héroe en voz alta.

---

3. Gary Renard (Pursah), *Las vidas en que Jesús y Buda se conocieron,* Barcelona, El Grano de Mostaza Ed., 2017.

—Sigues en la dualidad hasta que tu conciencia se funde con la Unidad —le responde el maestro—. Ahora vives en la no-dualidad, pero aún no has llegado al estado de la no-dualidad pura. Este es el viaje que vas a realizar, en el que tu alma va a encontrarse con todos «los demonios» que asolan el mundo dual. Esta es tu elección, aunque no seas plenamente consciente de ella. Por eso estás aquí conmigo. Estoy aquí como tutor porque tu mente ha hecho una llamada, y el Universo, como sabes, siempre responde, puesto que no hay nadie más.

»No olvides que desde la Consciencia siempre hay manifestación, emanación. Una vez que te fundes con Su Esencia, puedes volver a la experiencia dual. Hay una fuerza que te impulsa a ello debido a que una parte de esta experiencia dual está en el sufrimiento y en el dolor, en las profundidades de la dualidad; es a esto a lo que se le llama infierno.

»El mayor engaño del mundo en el que vives es la creencia de que tenéis que hacer cosas (como por ejemplo rituales) para no ir al infierno. Según la metafísica del Curso, cualquier estado que no sea el cielo es el infierno. La mayoría de vosotros no sois conscientes de que ya estáis en él. La Consciencia no puede crear tal desaguisado. Si realmente Dios hubiera creado este mundo, ciertamente tendrían razón los que piensan que Dios es cruel. Pero Él no tiene conciencia del mundo, pues es la fabricación de una conciencia que se ha asentado en el miedo y que cree en la separación.

El tomador de decisiones

Quiero hacer un apartado porque considero que es importante prestarle plena consideración a este concepto. Como nos dice el Curso, nosotros solamente tenemos un poder en este mundo: *El poder de elegir*.

Nuestra mente está dividida entre la mente recta, donde se asienta el E. S., y la mente errada, cuyo jefe es el ego. Nosotros podemos elegir, y de hecho siempre estamos eligiendo, a quién seguimos. El problema estriba en que no somos conscientes de que vivimos, experimentamos y sufrimos en este mundo porque elegimos la mente errada. Es el mundo del ego.

Voy a parafrasear a un gran maestro que ya no está en este mundo, el doctor Kenneth Wapnick, con relación al tomador de decisiones: «Todo lo que nos está pasando es lo que nosotros, como mentes tomadoras de decisiones, queremos, a pesar de cómo fingimos sentirnos. Todos estaríamos de acuerdo en que el dolor es algo que no deseamos, pero si mirásemos lo que está ocurriendo en nuestras mentes, nos daríamos cuenta de que, de hecho, nos deleitamos en el dolor».[4]

El doctor Wapnick cuenta una historia sobre un paciente suyo que había terminado una relación amorosa y sentía mucho dolor por la separación. No quería soltar el dolor, pero su autocomplacencia acabó cuando un día confesó que el dolor le parecía exquisito. En realidad, todo dolor es exquisito. Esto es lo que tenemos que mirar, y es lo más difícil.

Tenemos apego a nuestro dolor por una sencilla razón: nos hace inocentes y nos convierte en víctimas. Nuestro dolor es la prueba de que nuestro hermano nos ha hecho daño, de ahí la adicción a él. Esta es la gran dificultad. El Curso nos lo recuerda en el Texto:

4. Kenneth Wapnick, *El final de nuestra huida del amor,* Barcelona, El Grano de Mostaza Ed., 2018.

«Si algo te puede herir, lo que estás viendo es una representación de tus deseos secretos. Eso es todo. Y lo que ves en cualquier clase de sufrimiento que padezcas es tu propio deseo oculto de matar» (T-31.V.15:8-10).

El Curso también nos recuerda «el secreto de la salvación»:

«El secreto de la salvación no es sino este: que eres tú el que se está haciendo todo esto a sí mismo» (T-27.VIII.10:1).

Elegimos sufrir porque, en lo más profundo de nuestra alma, creemos que la causa está fuera y no en nosotros. Este es el infierno del cual tenemos que sacar nuestra alma. Este va a ser el último reto de nuestro héroe, y el de todos y cada uno de nosotros. Liberar nuestra alma de los infiernos para poder fundirnos en la Conciencia de Unidad.

Hay personas que disfrutan del dolor ajeno. Dicen que aman a los demás, pero se alimentan de su sufrimiento. Estas personas están tremendamente polarizadas en un extremo, en su mente no cabe que ellos tengan alguna responsabilidad. Están enajenadas, son enfermos mentales. Viven en una inmadurez emocional permanente, se quedaron congeladas a una edad temprana. Es importante comprender por qué esto es así; se puede decir que son almas alejadas del Sí Mismo, que solo perciben ataque de lo que ellas llaman sus seres queridos. Se alimentan emocionalmente de ellos, y ellos, a su vez, conforman la otra polaridad, sin la cual no habría equilibrio. Ambas polaridades viven «su infierno» hasta que alguna de ellas pone fin a tal desaguisado. Para esto, se hace imprescindible retomar la propia responsabilidad y aquí debe empezar el perdón.

La clave ya está frente a nosotros, con el tomador de decisiones podemos elegir el ego o el E. S.

El mundo es una ilusión, no existe, y además es una mentira permanente. Para creer en él no hace falta tener fe, el mundo es una mentira se mire como se mire. Siempre hay algo que alguien esconde, algo que oculta la verdad del hecho en sí. Solo hay que observar con una mente que no se posiciona, que mira cómo tenemos el mundo, el espacio físico en el que vivimos. Mares llenos de plástico, ríos contaminados, alimentos adulterados, guerras por doquier, gente que muere sin sentido, violaciones, escasez, hambre, abusos en todos los ámbitos, tratamientos que se ocultan, manipulaciones, desplazamientos humanos como nunca se han visto antes... Sencillamente es para echarse a llorar. Hemos convertido nuestro jardín en un basurero, que es fiel reflejo de nuestra mente dividida. Aquí reside el infierno, en nuestra mente, y se halla tras un muro, el de la vergüenza, pero qué más da... un muro que nosotros mismos hemos construido para no ver la porquería que estamos echando tras él.

Este es un mundo donde reina el miedo, el gran monstruo que atenaza nuestras almas y las mantiene encadenadas en un sufrimiento sin lógica ni sentido, en una noria de dolor, enfermedad, pérdida y creencia en la muerte como el fin de todo. Si este mundo fuera real, queridos hermanos, de verdad podríamos decir, y no sin razón, que Dios es terriblemente cruel.

****

El tutor continúa con su plática y nuestro héroe sigue a la escucha con una mente abierta de para en par. Es una mente que absorbe todo lo que oye, sin tapujos, sin barreras, sabedora de que tiene que beber este alimento que está recibiendo.

—El perdón es el único camino, o al menos el más rápido. No sabemos perdonar por una sencilla razón: nuestra mente está regida por el ego, que siempre proyecta la culpa. Su perdón es muy simple: «Te perdono por el mal que me has hecho, pero no olvido».

»El perdón del E. S. deshace el mundo que vemos, el mundo que estamos proyectando: no hay nadie a quien perdonar salvo a nosotros mismos. La razón es muy simple: nosotros somos la causa.

»El perdón del E. S. requiere una inversión del pensamiento que muchos no están dispuestos a realizar. Estamos tan atrapados en la culpa que, si no la tiene el otro, entonces la tengo yo. Al ego no le importa quién la tenga, con tal de que la culpa siga manifestándose. Cuando hay culpa, hay castigo, y si acaba habiendo castigo en nuestras vidas es porque seguimos eligiendo pensar con el ego.

—Querido tutor, ¡estoy anonadado! Creía que al final de mi vida había alcanzado el conocimiento del auténtico perdón, pero estoy dándome cuenta de que me queda un buen trecho.

—Estate tranquilo. Has hecho tu labor, de otro modo no estarías aquí. Ciertamente no la has terminado y por ello, repito, estás aquí. Te queda el trecho último y definitivo, pero ahora no es el momento de hablar de él. Todo lo que sucede debe ser así. Todo tiene su momento, que siempre es ahora, pero en el espacio/tiempo hay una infinidad de *ahora*, y hay que vivirlos de uno en uno.

»El despliegue del espacio/tiempo nos permite observar conscientemente los hechos. El problema no es el despliegue, sino la disociación.

—¿La disociación? Explícate *porfa* —suplica el héroe.

—La culpa mantiene la disociación. Proyectamos la culpa constantemente, y esto hace que el problema se entierre más profundo. Entonces el dolor supera al cuerpo y atenaza a nuestra alma. El Curso deja muy claro que el problema no es de qué o de quién nos disociemos, sino el hecho mismo de que nos disociamos.

El tutor continúa:

—Entonces surge el miedo, porque tememos aquello de lo que nos hemos disociado. El Curso lo deja muy claro cuando dice:

«A menos que primero conozcas algo no puedes disociarte de ello. El conocimiento, entonces, debe preceder a la disociación, de modo que esta no es otra cosa que la decisión de olvidar. Lo que se ha olvidado parece entonces temible, pero únicamente porque la disociación es un ataque contra la verdad. Sientes miedo porque la has olvidado... Cuando aceptas aquello de lo que te disociaste, deja de ser temible» (T-10.II.1).

»Cuando elegimos estar separados, nace la culpa, por eso el perdón es el gran antídoto: él deshace toda la culpa inconsciente, y al perdonar estamos liberando el tiempo. El Curso nos lo recuerda cuando dice que el tiempo está a la espera del perdón.

»Perdonando liberamos tiempo, y al hacerlo liberamos dolor y sufrimiento. Como el ofensor no existe, y como no hay nadie a quien perdonar, solo nos queda perdonarnos a nosotros mismos. El E. S. es el gran guía para este proceso, y sin Él no podríamos hacerlo porque no lo recordaríamos.

El tutor prosigue:

—El E. S. es la elección. Él es el maestro del perdón. Él nos guía en este proceso, que desde el ego nos parece tan difícil porque nos cuesta aceptar que la causa está en nosotros y no fuera.

—Cuando perdonamos a través del E. S., ¿lo notamos? ¿Podemos saberlo de alguna manera? —pregunta el héroe.

—Un efecto que demuestra que has perdonado es que, cuando recuerdas algo que te causó dolor, ahora ya no tiene efecto alguno en ti. Ya no duele. Se vuelve neutral en vez de doloroso. También hay otro efecto: el recuerdo se difumina porque ya no hay emoción que lo sustente y le dé vida.

—Cuando siento dolor, sea en mi alma o en mi cuerpo, ¿qué debo hacer?

—Tu cuerpo no puede experimentar dolor. Es un vehículo que te informa de que tu mente experimenta dolor. Obviamente, el cuerpo como vehículo tiene sensores que informan a la mente. El poder de la mente para inhibirse del dolor es bien conocido, y algunos lo muestran en actividades como pisar fuego, clavarse agujas, y un largo etcétera. Hay dolores que no son reales en absoluto (no pasa nada externamente) y uno los vive como un suplicio. Todo está en la mente. Esto nos indica que, como el cuerpo pertenece al sueño, estás teniendo un sueño de dolor. El cuerpo, te recuerdo, lo ha creado la parte de la mente que se cree separada, y forma parte de la proyección.

—Mucha gente te respondería: «¡Pero me duele!».

—Grandes maestros te contestarían: «**Todo dolor merece indagación**».

—Si te preguntas por qué te sientes mal, haz un *reset* y observa cuánta basura has puesto en tu mente pensando en lo que hacen los demás, en lo que crees que te hacen. Aplica el perdón: si los demás son culpables, tú eres culpable. El perdón será completo cuando seas capaz de perdonar las proyecciones que haces y las que recibes de los demás.

»Recordemos, una vez más, que esta es la Ley: «Tal como lo consideres a él, así te considerarás a ti mismo» (T-8.III.3:10).

—¡Muy bien!, te dirían muchos, «pero me sigue doliendo».

—En cuanto a la cuestión de «me sigue doliendo», hay que hacer algo muy simple: trata tu dolor con los medios de que dispones. La gente está tan atrapada en la identificación con el cuerpo que es allí donde se manifiestan las incoherencias en su modo de vivir y de sentir. Y es lo mismo cuando hablamos del alma, lo que ocurre es que no hay antídoto físico para el dolor del alma. En este caso hay que tomar, sí o sí, una buena dosis de perdón inspirado por el E. S.

—Entonces las relaciones son un gran medio para aplicar el perdón.

—Sí, pero hagamos una aclaración. El Curso nos enseña que en las relaciones hay tres niveles: las que ocurren en un instante y en un lugar determinados con alguien que no conoces de nada, las relaciones que tienen un principio y un final, como sería la del terapeuta con su paciente, o entre amigos de la infancia que no se vuelven a ver: y, por último, las relaciones que son para toda la vida, como las que se tiene con la familia de origen, las que establecemos, etc. La salvación puede estar en cualquiera de ellas.

»Ahora continuemos con el siguiente paso: *Tú puedes Ver lo que tu hermano realmente es, no en función del papel que está realizando como parte de este mundo, ni concretamente de esta situación.* Por eso el Curso nos dice: «Elige de nuevo lo que quieres que él sea, recordando que toda elección que hagas establecerá tu propia identidad» (T-31.VIII.6:5).

»La idea es que dejes de asentarte en tu identidad, en aquello que crees que eres, y que cambies tu forma de pensar con respecto a los demás y a las identidades que les proyectas.

—Entonces, cuando perdono por haberme dado cuenta de que yo soy la causa, cambiará el efecto, ¿es así?

—No es así; si fuera así, estaríamos en el perdón del ego. Hacer algo para conseguir algo es como ir a misa por miedo a ir al infierno si no asistes. Es una acción del ego, no del espíritu. El propósito del perdón no es cambiar el guion, sino libertarte de sus efectos. Esto no quiere decir que el E. S. no haga sus ajustes y que ocurran cosas que nadie tenía previsto. Tú lo dejas todo en Sus manos, pues es el único que sabe lo que es mejor para todos.

»Hay que entrenar la mente para que no juzgue. Si aplicas el perdón que nos enseña el E. S., llegará un momento en el que el mundo no podrá herirte. Su perdón nos llena de paz, que hace que nada que no proceda de Dios nos afecte.

—Mucha gente cree que el dolor nos permite expiar nuestros pecados.

—Por desgracia, estamos tan llenos de culpa que llegamos a creer que, si sufrimos, Dios nos perdonará. Como si a Dios le gustara nuestro dolor y sufrimiento. El mundo está tan atrapado en el sufrimiento y en el sacrificio que se llega a creer con una fe total que sufrir es una gracia de Dios.

—En un libro de Anthony de Mello leí que él tenía un hermano de congregación que esperaba tener un cáncer para así poder sufrir y ofrecérselo a Dios. Este maestro también denunciaba lo mismo: tenemos la mente atrapada en el sacrificio y consideramos el sufrimiento como algo bueno.

—Lo importante es saber que el ego lo utiliza para proyectar la culpa, de manera que nuestro sufrimiento se convierte en un arma para culpabilizar al otro. El Curso nos enseña que, al final, nuestro sacrificio y sufrimiento se convertirán en amargo resentimiento.

El héroe sigue preguntando y recordando.

—En su día estudié un pensamiento de Freud que más o menos venía a decir: «Todo terapeuta siempre encontrará en su paciente una resistencia a curarse; el paciente solo busca mejorar».

—Esto no ocurre solo en la consulta, ocurre todo el tiempo. La resistencia a invertir el pensamiento y a darse cuenta de que la causa está en uno y no afuera es de órdago.

»Cuando perdonamos, cuando soltamos el juicio, el ego se queda sin argumentos. Puede que tengamos una situación difícil de gestionar, una relación que se termina con mucha ira y dolor. Continuamos lidiando con ella mediante el perdón. Hacemos lo que tenemos que hacer según las leyes del mundo, pero lo hacemos con otro sentimiento. Todo cambia, no en cuanto a lo que sucede en el exterior, sino en nuestro interior.

—Esta reflexión, querido tutor, me recuerda un mantra que me aplicaba ante situaciones muy conflictivas, que era: *esto que estoy viviendo no me va a poner enfermo, lo acepto y pido inspiración.* Y automáticamente me quedaba en paz.

—Esta es la cuestión: tener plena conciencia de que cada situación, cada encuentro y cada problema son una oportunidad de elegir de nuevo. De hacerlo a través del E. S. o a través del ego. Tú eliges.

La nube de culpabilidad

«Los que se sienten culpables siempre condenan, y una vez que han condenado, lo siguen haciendo, vinculando el futuro al pasado tal como estipula la ley del ego» (T-13.IX.1:2). «Librarse uno de la culpabilidad es lo que deshace completamente al ego.

No hagas de nadie un ser temible, pues su culpabilidad es la tuya, y al obedecer las severas órdenes del ego, atraerás su condena sobre ti mismo y no podrás escapar del castigo que él inflige a los que las obedecen. El ego premia la fidelidad que se le guarda con dolor, pues tener fe en él es dolor» (T-13.IX.2:1-3).

Para terminar la reunión de hoy, voy a contarte una historia de perdón.

Había un hombre que se estaba muriendo y junto a él estaba su maestro.

—Estás triste —comenta el maestro—, ¿qué te ocurre?

—Así es, maestro, siento una profunda tristeza.

—¿Se puede saber qué te embarga en este momento tan importante?

—No me puedo perdonar. He hecho mucho daño a lo largo de mi vida.

—Es cierto, pero la culpa, te recuerdo, es una adicción. Es un recuerdo de tu pasado, y tú ya no eres la persona que fuiste. Vivías en la ignorancia y en el profundo miedo que causa la creencia en la separación.

—El pasado me persigue, querido maestro.

—El ego siempre te recuerda viejas heridas, él no quiere soltarlas, el pasado es su existencia. Solo el perdón puede liberarte de esas ataduras. ¿Qué te parece

si observas esa identidad que fuiste y la perdonas por su ignorancia?
Entonces el hombre cerró los ojos y se fue en paz.

La enseñanza más importante, la más difícil, el último eslabón de la cadena que hay que romper es el perdón de las proyecciones que recibimos de los demás.

El motor de la ilusión: la separación

Reflexiones:

La ciencia ha hecho grandes descubrimientos, sobre todo con relación a lo que han dicho los grandes maestros de todos los tiempos. ¿Y qué vemos? Todo sigue igual, al menos en apariencia: las mismas noticias, los desastres, las masas desplazándose y huyendo de la barbarie. Medio mundo observando al otro medio, como si lo que les ocurre a los otros no tuviera nada que ver con ellos. Solo se actúa sobre los efectos y no sobre las causas.

Nikola Tesla ya lo decía: «Debemos observar el mundo, el universo, solo como energía, vibración y frecuencia».

El universo está interconectado. Grandes mentes lo confirman.

Nassim Haramein dice: «El universo tiene un elevado nivel de coherencia y también de interconectividad. Existe interdependencia entre todas las cosas. Todos los sistemas funcionan de forma equilibrada. Hemos de recalcar la importancia de cambiar nuestra manera de ver lo que nos rodea».

Y continúa alumbrándonos: «**El espacio no separa, es lo que permite que todo esté unido.** El espacio es el gran organizador, el que conecta todas las cosas, pues recoge la información y el conocimiento de cada punto de sí mismo. Todo el universo está representado holográficamente por la fluctuación en el vacío dentro de un pequeño protón. Este protón está conectado con todos los protones del universo».

Anton Zeilinger: «Creo que la física cuántica nos está revelando que la información es más importante que la existencia material, y que la observación determina en cierto modo lo que puede ser la realidad. No solo la información y la observación determinan lo que podemos ver, sino lo que puede llegar a ser la realidad».

Leonardo da Vinci dijo: «Aprende a ver, date cuenta de que todo se conecta con todo lo demás».

****

—Querido maestro, estoy reflexionando sobre estas grandes verdades que dijeron originalmente los grandes maestros de todos los tiempos. Como los filósofos griegos, que ya especulaban con la existencia del átomo y con que todo está unido con todo, que es lo que nos dice la física más vanguardista. Pienso que esta información, este conocimiento, debería hacer reflexionar al mundo. Pero todo sigue igual, los problemas se siguen viendo de la misma manera. La gente no se cuestiona sus verdades; siguen viendo y viviendo como si todo esto no tuviera nada que ver con ellos. No somos conscientes de la importancia de estar alertas a nuestros pensamientos, a nuestra percepción. Las mentes están llenas de miedo y tienen necesidad de controlar. Ahora mismo recuerdo una frase muy divertida del escritor suizo Friedrich Dürrenmatt, que dijo: «Cuanto con más precisión planifique la gente su futuro, más duramente le va a golpear la casualidad».

—Bueno, querido héroe, en realidad ha habido y hay muchos más cambios de los que se pueden observar. Todo es cuestión de apreciación, pero tengo que recordarte que tu observación es dual. Los cambios que realiza una mente que está despierta a otro paradigma afectan a la totalidad. Tus reflexiones dan fe de ello. Todo se retroalimenta. La naturaleza y nuestros cerebros tienen un bucle de retroalimentación. Nuestros pensamientos están impresos en el universo y también afectan profundamente a todo lo que experimentamos en el mundo. Nuestro cerebro tiene una notable capacidad de adaptación. Si cambiamos nuestra percepción, este acto lleno de conciencia nos permite cambiar nuestra experiencia. En el universo todo resuena. Nuestra esencia está hecha de la misma energía que sostiene la totalidad del universo, tenemos este poder del que no somos conscientes. Repito: todo resuena, todo se retroalimenta, todo es información, y esta es más importante que la existencia material. La energía colectiva fluye hacia cada uno. Estamos en constante danza con el universo.

«Dejad de ser tan pequeños, somos el universo en movimiento extático.»

(Rumí)

****

El Control

—Háblame del miedo. Sé que surgió cuando la mente se sintió separada.

—El miedo no es real. Se sustenta en algo que nos podría ocurrir en un teórico futuro. Es una sensación terrible, como una pequeña muerte, con respecto a algo que no está en el presente. Es la proyección de algo que quizá nunca llegue a suceder. El miedo se sustenta en la creencia de que podemos controlar algo que suponemos que es malo para nosotros. Es el gran baluarte del mundo de la ilusión, de la creencia en la separación. El miedo alimenta al ego, haciéndonos cada vez más egoístas. Tener miedo siempre es una elección. Este es el único poder que tenemos en este mundo: el de la elección.

—He visto sufrir a mucha gente por algo que, como tú dices, no ha ocurrido, pero temen que ocurra. No son conscientes de que utilizan el poder contra ellos mismos. No son conscientes de que todo está interrelacionado. El miedo convierte su vida en un infierno.

—**Estar separado es imposible, pero es posible sentirse separado.** Al final, nuestra vida siempre está relacionada con nuestros sentimientos y emociones. El ser humano tiene el don (y no me equivoco al decirlo) de cambiar las emociones y, por ende, los sentimientos. La evolución del cerebro humano ha permitido la manifestación de la conciencia del sí mismo. Empezaron las delimitaciones, las demarcaciones, que solo existen en la mente que se cree separada. Ello nos ha permitido vivir en un mundo onírico, aunque lo llamamos real. No somos plenamente conscientes de que nuestras creencias buscan reafirmarse en todo momento, aunque sea evidente que no son ciertas. Se necesita un profundo cambio de percepción para activar la capacidad neurológica llamada plasticidad. Cuando lo logramos, el mundo aparece ante nuestros ojos de otra manera. No lo vemos igual, y podemos llegar a decir: «¿Cómo es posible que no lo viera?».

—Entonces nuestras experiencias determinan el mundo que vemos, ¿cierto?

—Las experiencias conforman una red neuronal que se retroalimenta a sí misma, por eso percibimos de una manera determinada. Si te sientes separado de todo, tus experiencias te harán vivir la separación por la simple razón de que eso es lo que crees.

—Querido tutor, la mente es un gran misterio. Hemos hablado mucho de ella, pero ¿hay alguien que sepa lo que realmente es? Yo no, por descontado, y eso que podría hablar mucho de ella.

—Es cierto que muchos hablan sobre ella, y en realidad todavía nadie la ha definido perfectamente, si bien algunos se han acercado.

—Pues ánimo, soy todo oídos, ¡je, je, je!

—Vamos a hacer un diálogo socrático. ¿Cómo sabemos que la mente existe?

—Pues porque pensamos. Ahora mismo lo estamos haciendo.

—Cierto, pero ¿estás seguro de que si piensas es porque tienes mente? ¿No podría ocurrir que nuestros pensamientos fueran la manifestación dual de una información producida por las acciones de nuestras neuronas? Quiero decir que podrían ser consecuencia de una descarga eléctrica del sistema neuronal del cerebro. Quizás la pregunta sería: ¿Por qué pensamos?

—¿Me estás diciendo que, de alguna forma, mis pensamientos no son míos, sino que vienen a mí? —reflexiona el héroe en voz alta.

—Vas bien; este es el camino. Ahí va la pregunta del millón: ¿La mente está encerrada en un cerebro fruto de las redes sinápticas? ¿O es el cerebro un receptor que recibe información en función de sus redes sinápticas?

Nuestro héroe se pone a reflexionar sin buscar respuestas. Piensa en todas sus experiencias, en las decisiones que ha tomado y en que estas producían consecuencias. Ahora se cuestiona si estas decisiones eran suyas o si eran una información que se manifestaba en su cerebro en función de su cableado neuronal. Recuerda haber leído y estudiado que no hay dos cerebros iguales, que las creencias que sustentan un ambiente emocional conforman las redes sinápticas, y que estas le hacen ver las cosas de una manera que se llama *pensar*.

El tutor, observando al héroe, interviene:

—Voy a proponerte una analogía: en tu mundo habéis desarrollado una tecnología que se llama internet. Te recuerdo que nadie puede inventar nada, todo está ya inventado, por así decirlo. En todo caso, se hace «aterrizar» una información. Como te iba diciendo, internet es un reflejo de lo que es el universo. Con tu PC puedes acceder a esta gran red de información, pero si el PC se estropea, internet sigue existiendo. También tengo que decirte que internet no puede limitarse a tu ordenador. Por lo tanto, lo que llamamos mente no se puede limitar a tu cerebro.

—Entonces está claro que el cerebro es un receptor antes que un archivador.

—Es más, en la medida en que el cerebro haga su gimnasia mental, que consiste en cuestionar la verdad de todo lo que percibe, la capacidad de cambiar las neuronas y sus conexiones aumenta exponencialmente. Cuando se produce este fenómeno, aumenta su capacidad de recibir información, lo que llamamos ideas. A veces tenemos ideas brillantes. ¿De dónde crees que vienen? ¿De tu cerebro? ¿De tus experiencias?

—Si son nuevas, no pueden venir de mí, vienen a mí. Estamos rodeados de información, y la manifestamos en nuestras vidas según nuestra capacidad de procesamiento, de estar abiertos a otras posibilidades y de salir de la rigidez mental de nuestras ideas, que están sustentadas por creencias obsoletas.

—Sabia reflexión, querido amigo. El universo viene a ser como un gran cerebro cuántico que contiene infinitas posibilidades. El universo es Inteligencia, y esta necesita un sustrato, un vehículo, que es la mente.

Se hace un silencio... que el tutor rompe con una amplia sonrisa.

—Érase una vez un astronauta y un neurocirujano. Ambos están discutiendo sobre la existencia de Dios. El astronauta dice: «He viajado por los confines de la galaxia y no he visto en ningún lugar a un ser que se pueda parecer a Dios». El neurocirujano le contesta: «Yo he operado centenares de cerebros y nunca he visto una idea. ¿Quiere esto decir que no las tenemos?»

El tutor continúa:

—Nadie ha pesado, medido o cuantificado la mente. ¿Quiere decir esto que no existe? La realidad está más allá de las mediciones. Ahora se pueden medir aspectos de la naturaleza que antes era imposible ponderar. La ciencia hace descubrimientos, y cuando no descubre algo, eso no quiere decir que no exista. Hay que cambiar el instrumento, hacerlo más preciso, más sensible, más abierto a todas las posibilidades. Este instrumento es el cerebro, un magnífico receptor cuántico envuelto e inmerso en un mar de información llamado mente cósmica o Gran Mente.

El diálogo que mantienen el tutor y el héroe —nuestro héroe interior— refleja claramente la importancia de la percepción, que es reflejo de unas conexiones neuronales, que a su vez son fruto de experiencias atávicas que van conformando lo que llamamos realidad. El cerebro es un receptor/comunicador, y la información se encuentra almacenada en el espacio que hay entre las sinapsis, como exponía Dennis Gabor; estas son los puntos de entrada y de salida del Campo, de la Gran Mente.

—Dennis Gabor fue el descubridor del concepto *holograma*, ¿cierto?

—Así es, y su descubrimiento permitió comprender que el cerebro también es un holograma. Guarda la información de forma holográfica; la información se halla en todas partes. El cerebro, y cada una de sus neuronas y átomos, de algún modo contienen el universo entero, de la misma manera que todos formamos parte de una mente global.[5]

—Querido tutor, ¿con la mente cambiamos nuestra vida?

—Con los pensamientos, que son el fruto de la mente individual que está conectada a la gran mente. Los pensamientos son información colapsada que se expresa en el mundo dual. Conforman la realidad individual y colectiva. Cuando pensamos, en el cerebro se produce una tormenta. Por eso, cuando entre varias personas buscan una solución novedosa, fuera del problema y del paradigma en el cual se encuentran, se le llama «tormenta de ideas».

»Y, hablando de la mente, tengo que decirte que conforma el universo. Como ves, ahora estamos en un lugar que no se parece en nada al universo que hasta ahora has experimentado. Pero, una vez más, recuerda que la mente expresa la Consciencia. En la medida en que la mente se abre a otras maneras de percibir y de ver, permite que la Consciencia se manifieste más plenamente en la Conciencia, que como sabes es la capacidad de la mente para percibir. Más allá del pensamiento funcional, la conciencia permite contactar directamente con el fundamento dinámico del ser, es decir, con la Consciencia.

»Respondiendo a tu pregunta sobre la mente y el cambio en nuestra vida, he de decirte que hay que tomar

---

5. Michael Talbot, *El universo holográfico*, Barcelona, Ed. Palmyra, 2007.

conciencia de que no pensamos libremente, sino que lo hacemos a través de la información almacenada en nuestro inconsciente, que, de alguna manera, está condicionando nuestro libre albedrío.

»Recuerda una frase que ya conoces, y, como sabes, la repetición es fundamental: «La Consciencia se tiene, la Conciencia se gana». Hay que aprender a ser conscientes de las situaciones, estar alerta para poder realizar actos concientes.

—¿Estar alerta?

—Sí, ver más allá de lo que ocurre. Ver la intención que hay detrás de cada acción, de cada palabra, de cada sentimiento, de cada emoción, los cuales determinan nuestra forma de pensar. De aquí la importancia de la autoindagación.

El tutor decide poner un ejemplo para aclarar la diferencia entre Conciencia y Consciencia.

Veamos, dice el tutor:

—El que es fascista, es de derechas; pero el que es de derechas no tiene por qué ser fascista. El que es cristiano es creyente, pero el creyente no tiene por qué ser cristiano. El que es Conciente es Consciente; pero el que es Consciente no tiene porque ser Conciente... puede que esté... dormido.

»Y explica claramente la frase reseñada anteriormente: somos Consciencia, pero ello no quiere decir que seamos Concientes de ello.

Nota aclaratoria: Conciencia es la dualidad, Consciencia es la unidad.

****

Nuestro héroe continúa:

—Entonces, ¿estamos en este momento en otro universo?

—Así es. Un universo que está en correspondencia, en vibración, con tu conciencia. Tu vehículo no es el cuerpo, sino tu alma. En este universo rigen otras leyes físicas y matemáticas. El alma puede manifestarse y experimentarse a sí misma en los diferentes multi-versos habitando un cuerpo, que a partir de ahora llamaremos **avatar**, cuyo significado es «dios encarnado». Nuestra alma es pura esencia divina y siempre se encarna en un cuerpo, que depende del espacio/tiempo donde se manifieste.

»Te voy hacer una última pregunta y así terminaremos esta sesión. ¿Qué es aquello de cuya existencia podemos estar seguros?

Después de pensar un rato y recapitular todo lo hablado, nuestro héroe responde sin dudar:

—La inteligencia. Está reflejada por todas partes, en los diferentes avatares, en nuestro vehículo; todo tiene una precisión difícil de imaginar.

—Otra y acabamos: ¿Qué es lo que más ama esta inteligencia?

—Expresarse. ¡Sí, esto es! La expresión de su infinita variedad, de su potencialidad. Esto es lo que da sentido a Su Existencia. El simple hecho de pensarlo es mareante. Gracias, muchas gracias.

—Disfruta de tu estancia aquí y de este momento. Fúndete en este océano infinito de información. Recuerda, nada es real salvo tu conciencia.

¿Para qué estamos aquí?

«Nada puede darse por sentado, ni en términos de experiencia, ni de observación, ni del simple razonamiento de los seres humanos.»

André Maeder, astrofísico

El tutor y nuestro héroe reemprenden sus conversaciones, que tienen como finalidad recordar y asentar conocimientos que permitan a la conciencia del héroe modificar su vibración hacia frecuencias más elevadas. Esto le llevará a acceder a otros mundos para, de esta manera, acercarse a la **oscuridad,** que es la Manifestación Suprema de la Divinidad.

El mundo manifestado, el mundo que nuestro sistema perceptor ve, solo es una pequeña parte del Todo, corresponde a un 4 % de toda la materia, el resto está repartido en un 27 % de materia oscura y un 69 % de energía oscura.

El tutor continúa con sus enseñanzas:

—Como ya sabes y hemos recordado en otros encuentros, nuestra consciencia crea un vehículo vibracional, el alma, que no está sometido a las leyes del espacio/tiempo, y seguidamente ambos crean un cuerpo o avatar.

»La palabra *avatar* tiene un significado que ya te comenté antes: en la filosofía hindú es «dios encarnado». Muchos seguidores y creyentes de esta filosofía perciben que ellos no son esta divinidad, que el avatar es algo único. La verdad es que el avatar es el cuerpo con el que nos movemos por este mundo. Sencillamente, es como si fuera el equipo especial que utilizan los astronautas para moverse por el espacio exterior. Este equipo puede estar altamente desarrollado, controlar las constantes metabólicas del astronauta y preservar su vida. Lo mismo ocurre aquí, en la Tierra: venimos con nuestro avatar, que permite que nuestra conciencia y nuestra alma puedan experimentarse en un mundo donde la separación, y la buena y la mala suerte, parecen muy reales.

—Puedes recordarme, entonces, ¿qué pinta aquí la mente? Como ves, siempre acabo con la misma pregunta —dice el héroe riéndose.

—Así me gusta, que repasemos para asentar el nuevo estado de conciencia. Sabemos que la mente existe sencillamente porque la experimentamos. No podemos medirla ni pesarla, al menos de momento. Ella conforma nuestros pensamientos, nuestros sentimientos, y en ella desarrollamos la esencia de su razón de ser: la inteligencia.

»La inteligencia se reconoce a sí misma mediante la creación y el desarrollo de ideas. En el universo, la inteligencia reina por doquier. En todo él se ve un orden que los matemáticos han descubierto. Max Planck decía que hay una mente inteligente que es la matriz de toda existencia. Recalcaba que las leyes de la física y de las matemáticas rigen este universo, pero que no sabía si regirán el universo del mañana, pues la conciencia es lo único importante.

»**Srinivasa Ramanujan**, un gran matemático hindú que no tenía estudios universitarios, decía: «Para mí una ecuación no tiene sentido a menos que represente un pensamiento de Dios».

»Nuestro cerebro es un universo con millones de estrellas que conforman reuniones o engramas entre ellas, como si fueran galaxias. Cuando pensamos, se forman tormentas eléctricas que son los pensamientos, y básicamente son de dos tipos:

- Los que revolotean en nuestra mente y que de alguna manera hemos introyectado. Provienen de una conciencia dual, del inconsciente colectivo y familiar.
- Los que surgen sin que tengamos conocimiento previo de ellos y vienen a través de la consciencia o conciencia de unidad. Estos son los que llamamos inspiración, las ideas que provienen de la mente superior, como le ocurría a Ramanujan.

»Si fuéramos plenamente conscientes de que siempre nos estamos proyectando, nuestro mundo cambiaría al instante. En nuestro universo, en nuestro mundo, todo es percepción. Utilizamos nuestros sentidos, que están dotados de ciertas capacidades y nos hablan de lo que se puede medir, pero aquí está su limitación. Ir más allá de la percepción es trascender la creencia de que solo existe lo que se puede medir y pesar. Esta es una gran lacra que tiene maniatada a la humanidad entera y sirve a unos propósitos muy egoístas.

—¿Qué es la Consciencia? —perdona que insista de nuevo.

—Es un punto de una magnitud inimaginable. Ella contiene infinitas posibilidades. Cuando se expresa, lo hace mediante una explosión cósmica, al igual que cuando nuestra mente tiene una idea produce tormentas eléctricas, pero a una escala inimaginable, y a la vez comprensible.

»El universo es como un gran cerebro en el que todo se replica. En nuestro cerebro, todos los bits de información se almacenan en el espacio entre las sinapsis. Están en forma de onda, pero, cuando los colapsamos mediante una explosión eléctrica, se produce la materialización. Por eso, cuando pensamos, cuando dejamos que las ideas broten sin ton ni son (lo que en lenguaje coloquial se le llama un *brainstorming* o tormenta de ideas), creamos la posibilidad de que aparezca la idea ideal, y entonces se dice que estamos materializando la información. El proceso es así de simple y elocuente.

—Entonces, estamos aquí para experimentarnos a nosotros mismos, para tomar plena conciencia de quiénes somos realmente, de nuestro «poder» de creación. Mediante nuestra mente creamos mundos, creamos nuestra realidad y lo hacemos de forma inconsciente. La mente no para nunca, siempre está pensando. El problema es que repetimos nuestros pensamientos una y otra vez de forma obsesiva, y después no comprendemos por qué nos ocurre lo que nos ocurre.

—Quiero recordarte la importancia de los juicios que hacemos de forma casi inconsciente, automática. Esto produce un daño casi irreparable a nuestra mente y hace que repitamos las mismas experiencias una y otra vez.

—Ahora recuerdo lo que dijo Carl G. Jung: «Si no aprendes de las circunstancias adversas de tu vida, fuerzas a la consciencia cósmica a que las repita una y otra vez hasta que hagas una elección diferente».

—Lo curioso es que la gente llama a esto pruebas, y *Un curso de milagros* dice algo parecido que ahora mismo estoy recordando: «Las pruebas por las que pasas no son más que lecciones que aún no has aprendido, que vuelven a presentarse de nuevo a fin de que, donde antes hiciste una elección errónea, puedas ahora hacer una mejor y escaparte así del dolor que te ocasionó lo que elegiste previamente» (T-31.VIII.3:1).

»La mente es la que permite que nuestros pensamientos reverberen en el universo, y con esta información creamos nuestra realidad.

—Perdona mi insistencia, pero ¿para qué estamos aquí? Ya sé que hemos hablado de ello, pero quiero insistir, alejar toda sombra de mi mente.

El tutor reflexiona por un momento y después mantiene un prolongado silencio, o al menos así se lo parece al héroe.

—Estás aquí para saber quién eres realmente, que no es quién crees ser. Has desarrollado una increíble versatilidad en múltiples cosas. Has desarrollado tu ingenio, te has perdido y te has encontrado multitud de veces. Aunque no lo creas, disfrutas con ello: a esto le llamamos vida. Vivir es experimentarse, un juego. Solo existe la vida, los grandes sabios y metafísicos de todos los tiempos siempre lo han dicho.

»En realidad, no hay nada que aprender, la vida es un desaprender, un quitar más que un poner. Quitar la venda que nos cubre los ojos, formada por creencias de separación que alimentan el sufrimiento y acunan nuestros miedos.

»Si no experimentásemos lo que llamamos vidas, o en su defecto vida, no tendríamos plena conciencia de nuestro poder.

»Tú eres la respuesta a tus preguntas. Y yo te voy a hacer una: ¿Eres el mismo que cuando empezaron las vicisitudes de esta vida?

—En realidad, no. Lo cierto es que, si miro hacia atrás, no me reconozco.

—Exacto, este es el motivo principal: reconocer que tu vida es la expresión de tu conciencia. Ya no juegas al juego de la culpabilidad y el victimismo. Ya no buscas excusas, no te justificas, empiezas a comprender tus proyecciones, cuestionas tus percepciones, tus verdades... empiezas a ser libre.

—¡¡Guuaaaauuu!! ¡Qué contundente eres, amigo mío! Tu disertación es irrefutable. Hay algo que no se puede discutir: si cambias tus pensamientos y tus sentimientos, cambias tu percepción. ¡¡Esto es libertad!! Oye, ya que estás tan inspirado, otra aclaración: ¿Qué es el despertar?

—El despertar no les sucede a las personas, a la gente como tú y como yo, porque el despertar no le sucede a nadie. No hay nadie en casa. No hay nadie aquí que haya de despertar.

»Despertar significa salir de un contexto dentro del cual tiene algún sentido despertar. El auténtico despertar está en la **Metanoesis,** que es un cambio de mentalidad. Es la aceptación de lo que es. Tu estado natural. «Para entenderlo todo, es necesario olvidar todo lo que crees que entiendes» —le recuerda el tutor.

****

«En verdad, no he obtenido nada de la iluminación.»

Buda

—Háblame de la Comprensión, la gente la confunde con entender.

—Cuando se produce la Comprensión, hay un desprendimiento de la identificación. Finaliza toda distinción entre sujeto y objeto. Veamos una metáfora sobre la Comprensión: «Cuando un chófer lleva un coche que conduce a cualquier lugar, puede llegar a creer que el coche es suyo. Con la Comprensión no hay chófer, sino solo un propietario/conductor que es muy consciente de la diferencia que hay entre poseer un coche y conducirlo».

»Escucha esta reflexión de alguien que despertó, David Carse: «Lo que ves es el reflejo de tu propia consciencia. Tú te ves a ti mismo en el mundo, mientras que yo veo el mundo en mí mismo. Para ti, tú naces y mueres, mientras que para mí el mundo aparece y desaparece». Profundo, ¿no te parece, querido héroe?

—Entiendo, uuhhhh, ya he caído otra vez en la dualidad. No puedo explicarlo. Lo he sentido, pero no puedo razonarlo, es imposible.

—Bien, esto es comprensión, en ella no hay cabida para ningún tipo de explicación. Es pura experiencia. Solamente el que la describe sabe lo que describe: los demás van a interpretarla, y eso se hace con la mente, con la conciencia. La Comprensión es la entrada de una ráfaga de Consciencia, como aire puro de montaña que limpia el aire viciado de una habitación. Es un renovarse, un salto cuántico de conciencia que te lleva a otro estado de comprensión.

El tutor continúa:

—No puede haber Comprensión y creencia en un yo, ambas se excluyen. No hay nada que sea más santo y más sagrado. Todo es una contaminación provocada por la mente dual. No hay búsqueda ni buscador. Recuerda lo que dijo Morfeo a Neo en la película *Matrix*: «No se puede explicar lo que es Matrix. Has de verla con tus propios ojos».

»La comprensión viene a ser una experiencia en la que ves, o, mejor dicho, sabes que: «En el mundo dual, todo tiene su lado opuesto, que coexiste con el otro lado formando una unidad indivisible».

»Comprensión es vivir con plena conciencia de que tu cuerpo/mente no es quien tú eres, sino solo un objeto en la conciencia que da lugar a un yo. Ya no te identificas: eres el conductor, no el coche.

»La Comprensión o el despertar es simplemente un cambio profundo y definitivo en la percepción. Cuando comprendemos, estamos en el centro del círculo. Y permanecemos allí mientras el «sí» y el «no» se persiguen mutuamente. Cuando despiertas, cuando comprendes, ya no hay sufrimiento.

«Tomar el sueño como real no es la causa del sufrimiento, sino que es sufrimiento.»

Buda

****

El espacio

—¿Quieres saber lo que es el espacio?
—¡Vaya pregunta!, pienso que es evidente.
—Ja, ja, ja. Sigues creyendo en la separación aun sabiendo que es una ilusión. El espacio es una percepción, que existe como tal y tiene un propósito bien definido. Crear espacio es fundamental para que se desarrolle la Unidad.
—¿Cómo? No entiendo nada.
—**El espacio no separa, es lo que permite que todo esté unido**. El espacio es el gran organizador, es el que

conecta todas las cosas, el que recoge la información de todo el conocimiento de cada punto del espacio. Es el despliegue de la Consciencia; vendría a ser el orden explicado, según el físico David Bohm.

»Vamos a terminar con unas reflexiones de este científico que aglutinan lo que hemos estado hablando aquí y de alguna manera dan sentido a todo lo expuesto:

¿Qué es la realidad?

Realidad es aquello que tomamos por verdad.
Tomamos por verdad aquello en lo que creemos.
Lo que creemos se basa en nuestras percepciones.
Las percepciones dependen de lo que buscamos.
Lo que buscamos depende de lo que pensamos.
Lo que pensamos depende de lo que percibimos.
Lo que percibimos determina lo que creemos.
Lo que creemos determina lo que tomamos por verdad.
Y lo que tomamos como verdad es nuestra realidad.

David Bohm

La dicotomía realidad/ilusión

«En tanto concibo un Creador creando, estoy de este lado del muro del Paraíso. En tanto concibo a un creador creado, no he entrado, sino que estoy en la muralla. Pero cuando veo la Infinitud absoluta a la que no conviene ni el nombre de Creador creante, ni el de Creador creable, entonces comienzo a ver sin velos y a penetrar en el jardín de las delicias».

Nicolás de Cusa (1401-1464)

Breve introducción

En este capítulo quiero hacer un homenaje al no-dualismo cristiano. Para eso he escogido a Nicolás de Cusa, teólogo y filósofo alemán, un gran erudito que fue clave en la transición del pensamiento medieval al Renacimiento.

Nicolás de Cusa parte de una idea por la que entiende que todo lo creado, incluido el hombre, es imagen de Dios. Todo es manifestación de un único modelo, pero no es una copia, sino un signo de ese Ser Supremo.

Para él, Dios es la síntesis de contrarios, de la unidad y de la multiplicidad a la vez. Por eso Dios no es captado por ningún objeto, porque ningún objeto le limita. Por eso Dios es lo no-otro, lo cual expresa un doble significado:

1. Que Dios no se ha separado del mundo, sino que es aquello que constituye su propio ser.

2. Al anunciar el no-otro, está anunciando que la unidad no se encuentra determinada por nada concreto.

****

La última lección

Nuestro héroe y su tutor se encuentran de nuevo para continuar las lecciones que se asentarán en su mente, y así pueda el héroe seguir su camino hacia la trascendencia y fundirse en el Ser.

—Vamos a desarrollar la comprensión de la no-dualidad de la forma más sencilla posible para facilitar el camino de las mentes que están atrapadas en la dualidad y tienen un anhelo de trascendencia —dice el tutor a nuestro héroe—. Hay que desarrollar la comprensión de que los dos conceptos contrapuestos están intrínsecamente unidos, pues uno no puede existir sin el otro, tal como el uno numérico no tiene sentido sin el dos.

—Entonces, el problema estriba en que convertimos la ilusión en realidad y la percibimos como separación —reflexiona el héroe.

—Hemos venido estudiándolo desde el primer encuentro, y procuramos hacerlo cada vez más sencillo. Veamos una metáfora hindú: la del Sol que se refleja en las aguas del mar:

»El Sol, elevado en el cielo, es el Principio trascendente e inmutable. Su reflejo, que danza sobre las aguas, rompiéndose y rehaciéndose sin cesar, es el ser contingente que una y otra vez aparece y desaparece.

»Lo que llamamos realidad es simplemente un reflejo que aparece y desaparece en el mar de las emociones, que son interpretaciones particulares del mar. El reflejo del Sol es a la vez real e ilusorio, porque sin objeto no existe el sujeto. Quítese el objeto y el sujeto desaparecerá.

»De todo ello podemos deducir que el mundo es realidad e ilusión con respecto a la Realidad Suprema, de la cual emana todo lo que llamamos realidad y sin la cual nada podría existir. *«La ilusión está completamente en quien toma el reflejo por el sol, o el mundo por la Realidad.»* A esta forma de percibir se la llama **ignorancia metafísica**.

—La multiplicidad de reflejos serían las individualidades que se perciben separadas, ¿cierto?

—Así es, querido amigo. Date cuenta de que la existencia dual es el reflejo de la unidad. A la primera le venimos llamando conciencia dual, que se expresa en la psique como conciencia. A la segunda la llamamos conciencia de unidad o simplemente Consciencia. Somos reflejos del Ser en la pantalla de la vida.

—Por todo ello es muy importante desarrollar la sabiduría de que todo es un reflejo —piensa el héroe en voz alta.

—Conseguimos desarrollar nuestra capacidad de comprensión cuando utilizamos todos los acontecimientos de nuestra vida como espejos. Nuestras percepciones se reflejan en los actos de los demás, que a su vez guardan correlación con los nuestros.

»Somos a la vez realidad e ilusión: realidad en nosotros mismos, ilusión con respecto a la Realidad Suprema, de la cual procede toda nuestra realidad y sin la cual no seríamos. Somos también identidad y distinción: identidad porque por nuestra condición de *reflejo* (o como dice la Biblia, de *imagen),* no somos distintos de aquello que reflejamos. Y distinción porque el reflejo no es aquello que refleja y, por tanto, no somos la Realidad de las realidades, no somos el principio ni lo último. Solo la Consciencia de la que emanamos es el alfa y el omega.

—Entonces, nuestro viaje de regreso a casa es dejar de ser reflejo y fundirnos en el Sol.

—El universo viene a ser como un inmenso holograma, donde la mente que se siente separada pueda proyectarse hasta que tome conciencia de que todo es ilusión: un reflejo de la Realidad Suprema, también llamada Inteligencia Universal. Como consecuencia del error original, también llamado pecado original, el mundo surge precisamente para interponerse entre la verdad y todos nosotros.

»*Un curso de milagros* dice: «No llames pecado a esta proyección sino locura, pues esto es lo que fue y lo que sigue siendo. Tampoco la revistas de culpabilidad, pues la culpabilidad implica que realmente ocurrió. Pero sobre todo, no le tengas miedo» (T-18.I.6:7-9).

—Es un viaje sin distancia. ¿Puedes aclararlo mejor, *porfa*?

—Tú nunca has salido del Sol, sigues estando en Él y nunca has dejado de estar y de formar parte de Él y de su esencia. Eres su imagen, por lo tanto, puedes crear mundos, que son tus proyecciones, y el error es que te identificas con ellas hasta el punto de que no recuerdas quién eres en realidad.

»*Un curso de milagros,* como otras filosofías no duales, te enseña que todo lo que existe es un reflejo. No tienes que ir a casa ni hacer nada especial para ir a casa. El ego te distrae con multitud de rutinas para hacerte creer que sí que es posible volver al hogar, pero que es difícil. Las artimañas del ego para distraerte tienen infinidad de caras y propone infinidad de rutinas con el único objeto de hacer que te sientas especial. Para el ego, el especialismo es santidad; su gran trampa es hacerte creer que ya has llegado.

»En tu regreso a casa, al hogar, puedes utilizar todo lo que te encuentras como un espejo para verte a ti mismo y saber qué reflejas. El Curso nos enseña que cada encuentro es santo: «Cuando te encuentres con alguien, recuerda que se trata de un encuentro santo. Tal como lo consideres a él, así te considerarás a ti mismo. Nunca te olvides de esto, pues en tus semejantes o bien te encuentras a ti mismo, o bien te pierdes a ti mismo.» (T-8.III.4:1-3,5).

»También nos da otra enseñanza fundamental que tú, querido héroe, has sabido llevar a la práctica y enseñar a todo aquel que se ha cuestionado a sí mismo. Me refiero al conocimiento de uno mismo a través de la proyección.

—Recuerdo perfectamente a qué te refieres, y en verdad fue una gran revelación para mí que cambió mi vida y también la de muchos más. «El Espíritu Santo te enseña que, si buscas solamente en ti, no te podrás encontrar en ti mismo porque tú no eres un ente separado. Siempre que estás con un hermano, estás aprendiendo lo que eres porque estás enseñando lo que eres» (T-8.III.5:7-8).

»Es la misma lección y según recuerdo está en el mismo apartado. Me emociono al repetirlas y siento que es una gran verdad; pero si no la pones en práctica, no tiene vida.

—En ese mismo capítulo, el Curso nos dice: «El viaje a Dios es simplemente el redespertar del conocimiento de donde estás siempre y de lo que eres eternamente. Es un viaje sin distancia hacia una meta que nunca ha cambiado. La verdad solo puede ser experimentada» (T-8.VI.9:6-7).

»Además, en esta misma lección nos enseña que utilicemos el cuerpo solo para la comunicación y nos recuerda que: «El pensamiento no se puede convertir en carne excepto mediante una creencia, ya que no es algo físico. El pensamiento, no obstante, es comunicación, para lo que sí se puede usar el cuerpo» (T-8.VII.7:4-5).

—Gracias, querido tutor. Ya sé que la repetición es fundamental para integrar estas enseñanzas no duales.

—Para finalizar esta lección, vamos a hacer una especie de recapitulación y daremos por terminado nuestro encuentro para que puedas seguir tu sendero de regreso a casa.

****

Para el no-dualista, el alma es tan ilusoria como la materia. Aquí hay un punto intelectual y espiritualmente capital: el alma no es el Ser. Para precisar más: ni el intelecto superior, ni la mente, ni el sentido del yo (nuestra *persona o* ego) son el Ser en nosotros. En la doctrina Védica no hay **identificación ni aniquilación** del hombre: somos concebidos, simultáneamente, como una proyección o expresión de la Realidad. Puesto que somos efectos del alfa y el omega, no somos distintos de Ella. Si la Divinidad es el Absoluto Infinito, no puede haber nada fuera de Ella. Por tanto, la afirmación de que «eres Dios en acción» no indica que lo eres cuando te identificas con la individualidad. Lo que expresa es que la Divinidad es nuestra esencia y no existimos independientemente, fuera de Ella.

Un curso de milagros nos recuerda que «No tengo que hacer nada»:

«Cuando la paz llega por fin a los que luchan contra la tentación y batallan para no sucumbir al pecado;

cuando la luz llega por fin a la mente que se ha dedicado a la contemplación; o cuando finalmente alguien alcanza la meta, ese momento siempre viene acompañado de este feliz descubrimiento: "No tengo que hacer nada"» (L-18.VII.5:7).

Reflexión final

Quizás el Cielo está frente a nuestros ojos y no lo vemos. Quizás no tengamos que hacer ni viaje, ni distancia, ni nada que se le parezca.

Quizás lo divertido es vivir la vida de la dualidad para experimentarla, como el navegante que necesita del mar bravío para conocer su capacidad de ser.

Desde la Realidad Suprema (R. S.) no existe servidor y servido. Hacer un servicio es algo imposible, igual que ayudar a alguien. La Realidad Suprema se expresa a Sí Misma en una «danza cósmica» de dar y recibir. Es una danza que solo Su Esencia —el Amor— mantiene inseparablemente unida en lo que llamaríamos el amante y el amado. Para poder experimentar esta fuerza, juegan al juego —la ilusión— de la separación, a fin de crear un reencuentro que solo está en el juego. Esta es la Felicidad, la Magnificencia del Ser. Lo que llamamos vida es un burdo reflejo. Veamos en él lo que realmente somos; este es el propósito de lo que llamamos volver a casa.

Enric Corbera

SEGUNDA PARTE

LA ENTRADA A LA CUEVA PROFUNDA

Como creemos en la separación, creamos el averno, el inframundo.

«El sabio no cree nada, porque o sabes algo o no lo sabes. Si lo sabes, no necesitas creer.»

Huang Po

La entrada a la cueva profunda

Nuestro héroe, junto con su tutor acompañante, está en la entrada de lo que parece ser una cueva. El acompañante lo prepara y le da los consejos necesarios diciéndole:

—Todo tiene su momento, querido amigo. Para poder acceder a la plena Consciencia Universal, para conseguir fundirse en ella, el único camino es transitar por el universo que sustenta el inconsciente. En él se encuentran todas las miasmas que emponzoñan el alma humana y los más grandes tesoros de sabiduría. Quien se adentra en él debe estar libre de juicios, tener una mente perfectamente inocente. Para evitar que esta alma se pierda en el inframundo, encontrará diversos guardianes del umbral. Los guardianes impiden el paso no porque sea un lugar prohibido, sino para proteger al alma que pretende entrar sin estar preparada, que cree y piensa que está dispuesta a trascender los demonios que ella misma ha creado, y para que estos no se conviertan en un sinvivir eterno.

»Has tenido tus vidas en el mundo terrenal, has experimentado plenamente la dualidad y has aprendido a trascenderla. Estás en este momento, en este ahora, en un espacio de tiempo sin tiempo. Como ya sabes, tu alma, tu primer vehículo de separación, no está sujeta a las leyes del espacio/tiempo.

»Has decidido entrar en la cueva profunda que te llevará a las puertas del inframundo, formado por lo que conoces como inconsciente colectivo.

»Recuerda siempre que todo es ilusión, que todo es la creación de una mente que se ha sentido separada. A este estado del Ser se le llama «infierno».

»¿Quieres preguntarme algo, querido amigo? Recuerda que mi función termina aquí. Tu deambular por el inframundo te parecerá eterno. Para tu percepción el tiempo se volverá lento, como si no pasara; cuanto más estrés o desánimo experimentes, más te parecerá que todo transcurre con una enorme lentitud. Esta es la primera prueba y casi te puedo asegurar que la única, porque, mientras estés superándola, todo lo demás que vas a experimentar te parecerá irrisorio. Pero esto también es un desafío, pues puedes caer en la complacencia. Recuerda que en el inconsciente nada es lo que parece. Aquí se encuentra el lado oscuro, que hay que trascender para conocerse a uno mismo. Hay que conocer a fondo la gula, la lujuria, la rabia, el orgullo (en definitiva, todos los vicios), ya que solo quien ha comprendido y ha aceptado sus propios límites puede tomar la decisión de ordenar y humanizar sus acciones.

»Nunca olvides que el origen del mal está en nosotros mismos. El mal no es algo separado de lo que llamamos el bien; el mal como ente no existe. La expresión de lo que llamamos el mal procede de la desconexión con nuestro lado oscuro. Nuestros juicios, condenaciones, culpabilidades, victimismo —en definitiva, la creencia absoluta de que estamos desconectados— nos convierte en monstruos egoístas, capaces de hacer el mal. Y el mal se hace de forma inconsciente hasta tal punto que destruimos lo que haga falta para disfrutar de un efímero instante de placer. De aquí surgen las adicciones de todo tipo, sustentadas por la ignorancia de nuestro lado oscuro. La sombra solo es negativa desde el punto de vista de nuestra conciencia.

"El gran maestro Carl G. Jung se ocupó de la destructividad personal y de la maldad colectiva. Sus investigaciones terminaron demostrando que el hecho de afrontar la sombra y el mal es, en última instancia, un secreto individual, tal como lo es el hecho de experimentar a Dios, una experiencia tan poderosa que puede transformar plenamente la vida de una persona."[6]

****

Nuestro héroe está totalmente convencido. Sabe que la convicción es el estado mental necesario para lograr el éxito. Y lo sabe porque lo ha experimentado plenamente en el mundo dual. También es consciente de que de su mente brotan las semillas que siembra. No obstante, aprovecha la oportunidad para preguntar.

—¿No hay vuelta atrás?

—Querido héroe, esta pregunta es dual. En la unidad no hay vuelta atrás, ni sendero que seguir. Uno puede cambiar su universo en un instante, y al hacerlo ya está manifestando plenamente el «poder». Es normal y lícito tener dudas, pero estas tienen que desaparecer de tu mente porque se convierten en dificultades. Cuando vives en la «certeza» no hay sombras, no hay dudas. Todo es aquí y ahora. Ves la aparente dualidad llamada mundo, pero ya nada de él te atrae. Te conviertes en un ser libre.

—Háblame de por qué existe el inframundo.

—El inframundo no es real, como tú ya sabes. Es una manifestación de la mente que se ha sentido separada de su Creador, que se siente separada de la Fuente.

---

6. Connie Zweig y Jeremiah Abrams, *Encuentro con la sombra*, Barcelona, Kairós, 2018.

Somos consciencia, y esta tiene los mismos atributos de la Consciencia o Inteligencia Universal. Todos sabemos que estamos hechos a imagen y semejanza de esta Inteligencia, pero la creencia en la separación ha invertido este concepto: hemos creado un Dios a nuestra imagen y semejanza. Este error nos ha expulsado del paraíso, y ahora nos vemos abocados a vivir un mundo de aparente dualidad, que muchísimos llaman real.

—Recuérdame por qué este mundo del cual he salido no es real. Con la repetición las lecciones se aprenden mejor.

—Como sabes, grandes mentes despiertas ya explicaron en su día que lo único real, lo que importa, es la conciencia y su vibración. Se experimentan diversos universos en función de la vibración de las consciencias que habitan esa realidad. En el mundo real nada cambia, todo simplemente es. Cuando la conciencia individual despierta, sabe que está permanentemente conectada con el Todo. Vive múltiples experiencias como las que tú has decidido vivir, con sabiduría y aplicando una percepción inocente.

—Una vez que mi consciencia se funda en el mar de Consciencia...

—Siempre tienes la capacidad de decidir, de elegir de qué manera quieres experimentarte. Yo elijo mi función, la que estoy realizando en este instante. Esto es algo que puede hacerse consciente o inconscientemente, esta es la clave. Solo existe la vida, nunca lo olvides. De todas maneras, la necesidad de elegir no se te presentará cuando trasciendas el inconsciente y atravieses el inframundo; serás recibido y atendido por otra alma.

El mentor continúa con las explicaciones necesarias para fortalecer la mente de nuestro héroe.

—Este viaje al inframundo te permitirá conocer tu alma. Trascenderás y la liberarás de las cadenas con las que tu conciencia dual la maniató. Verás que ella es el vehículo primordial de tu consciencia y que soporta todos los juicios. A estos se les llama el sufrimiento del alma. Gracias a ella no quedamos atrapados *ad eternum* en el mundo de la ilusión o maya, pues su esencia es pura. Algunas religiones hablan de la condenación del alma. Para liberarla, hay que dar este paso de entrar en el mundo del inconsciente, en el averno.

»Hay que liberar el alma de lo que llamamos demonios, que son constructos creados por la mente dual. Les damos vida, y parecen ser ajenos a nosotros simplemente porque así lo creemos.

»Pero, querido amigo, todo este viaje está impulsado por el Amor; es el acto supremo de compasión hacia uno mismo y hacia los demás.

«Liberarás tu alma viéndola en los demás»

»La creencia en la separación mantiene atada al alma, y por ende a la consciencia, en el dolor, el sufrimiento, la enfermedad y en la creencia de que la muerte es el final. Iniciar el descenso al inframundo es un acto de amor. Con cada alma que hace este camino, aumenta la capacidad de hacerlo de todas las demás, de aquellas que rechazan este descenso creyendo que ese «lugar» no tiene nada que ver con la Inteligencia Universal.

»Al realizar el descenso, la mente recupera el pleno contacto con el alma, y así permite que el conocimiento procedente de la Consciencia Universal fluya hacia la consciencia individual, como una gota de mar que permanece en el océano.

»¡¡Aaahhh!! —exclama el tutor—, se me olvidaba—. Viendo que el héroe está a punto de emprender la experiencia, le recuerda—: ¡No hay vuelta atrás!

—Soy plenamente consciente— dice el héroe mirándole fijamente a los ojos.

La respuesta es un simple encogimiento de hombros y una sonrisa franca.

—El Espíritu Santo es tu guía. —Es lo último que oye el héroe.

La entrada en la cueva

En el umbral de la entrada, nuestro héroe puede ver un escrito grabado en la piedra:

Tu mente inconsciente lo sabe todo

Se dice a sí mismo que no debe olvidarlo, pues aquí reside el pequeño matiz que marca la diferencia. También recuerda lo que dice *Un curso de milagros*, la enseñanza que le ha permitido llegar a este momento.

Graba en su mente: mucha gente teme ir al infierno y no se da cuenta de que ya está en él. Según la metafísica del Curso, cualquier estado que no es el cielo es el infierno.

Sigue ensimismado en las enseñanzas recibidas y dichas desde los albores de la existencia del tiempo.

«El infierno no es un lugar, es un estado mental.»

«Si no ves el Reino de los Cielos, es por una razón muy simple: está fuera de tu Consciencia.»

«No es posible vivir una vida sin cometer errores.»

«Acuérdate en todo momento de quién eres realmente.»

«Lo que se ha dado en llamar el infierno es la creencia en la culpabilidad. Solo el Perdón puede disolverlo.» Al adentrase en la cueva, lo que más le sorprende es que no ve oscuridad. Percibe una luz tenue en todo lo que observa. Se diría que esta luz sale de sus ojos. Las paredes parecen cobrar vida, no tienen una estructura sólida. Se mueven ligeramente como si fluyeran con la mente que las observa.

Al darse cuenta de ello, el héroe se percata de que todo es una proyección de la mente inconsciente, de que no va a percibir nada ni va a encontrarse con nadie que no esté ya en su mente, en su psique inconsciente. Esto hace que se sienta tranquilo y a la vez expectante.

«Recuerda, campeón, solo te vas a encontrar con los contenidos de tu mente inconsciente —se dice a sí mismo—. Así que, adelante, ya no hay vuelta atrás».

Sonríe para sus adentros. Sigue caminando con tranquilidad y prestando la máxima atención a lo que aparece ante sus ojos. Al doblar una esquina, se topa con lo que parece ser una puerta. La toca, la siente sólida y a la vez con vida. Lo que él cree que es una puerta parece tener vida, pues siente una energía. De repente, se encuentra en una especie de sala anexa. No tiene ni idea de cómo ha ido a parar allí. Sigue recordándose que todo es proyección y que está experimentando su propia mente. Nada es real.

Nota que está algo aturdido, un ligero peso se instala en su mente. Se siente con fuerzas y en un gran estado de ánimo.

«Esto puede ser divertido si sabes mantener la certeza y la entereza de que todo es una proyección. El Espíritu Santo, la esencia divina, es la guía que debes seguir», se recuerda.

Nuestro héroe conoce la importancia de mantener un diálogo interno de confianza, certeza y rendición. De repente, el suelo se abre bajo sus pies y siente que cae en un especie de pozo.

Se levanta y toca las paredes, que curiosamente ahora percibe sólidas. Empiezan a surgir los miedos. Uno de los más aterradores que siempre ha tenido es a sentirse atrapado, encerrado, sin libertad de movimientos. Le vienen recuerdos de otras vidas en las que estuvo encarcelado, con grilletes en las manos y en el cuello. Siente un profundo terror, un ahogo, está a punto de desmayarse. Poco después se serena y siente, algo de tranquilidad.

«Dios —se dice a sí mismo— esto es terrible, y solo acaba de empezar. Tranquilízate, todo es proyección», se recuerda dándose ánimos.

Se sienta en el suelo. Las paredes están a apenas medio metro. El perímetro es circular y percibe claramente la pared, con sus ladrillos perfectamente alineados. Nota una opresión en el pecho y un nudo en el vientre; siente la cabeza pesada, la respiración entrecortada, y por un momento surge la duda: «¿Podré, sabré salir de aquí?»

Por primera vez siente el paso del tiempo y le resulta pesado. ¿Cómo es posible sentir el tiempo como algo que tiene peso? Recuerda las conversaciones que mantuvo sobre el tiempo, la mente y lo relativo que es todo.

Una sensación lo apremia, pero siente que la mente funciona lentamente, como si tuviera tiempo.

«¡¡Dios!! —exclama con todas sus fuerzas—. Es como estar enterrado vivo, no hay escapatoria, nadie puede oírme. ¿Cuál es la solución? ¿Cuál es la solución? ¿Cuál es la solución?», se repite una y otra vez a sí mismo.

Entonces recuerda: «Tú eres el problema, tú eres la solución. Si yo soy la solución, el problema está en mí».

Reflexiona: «Estas paredes estoy creándolas yo, este pozo es mi realidad: es el círculo de protección que me he creado para que el mundo no me haga daño. Pero, si no hay mundo que pueda dañarme, entonces soy yo el que tengo la creencia de que sí es capaz. Proclamo con todo mi Ser que yo soy el mundo del que quiero protegerme. Me abro a mostrarme sin miedo a este mundo que percibo como cruel y peligroso. Pongo la otra mejilla con conciencia de perdonarme por el daño que me estoy haciendo a mí mismo».

Al instante, nuestro héroe se encuentra en una sala diáfana, enorme, como contrapunto de lo que había experimentado.

La arrogancia

A la arrogancia también se la conoce como soberbia. No tenemos que confundirla con la autoestima y la confianza en uno mismo. Confiar en las capacidades personales no es un defecto; al contrario, es saludable y beneficioso para la persona.

La arrogancia y su amiga la soberbia suponen un exceso de este sentimiento de confianza en uno mismo. La arrogancia se atribuye una importancia desmedida basada en su autoimagen. Discutir con alguien que rara vez admite sus errores y desprecia cualquier argumento ajeno puede llegar a ser desesperante. Muchas veces las personas soberbias se creen «todopoderosas»; quieren alimentar su ego a costa de los demás.

La arrogancia está asociada con su amiga la prepotencia. El sujeto prepotente tiene una valoración excesiva de sí mismo.

Nuestro héroe se encuentra en una especie de plazoleta y se da cuenta de que tiene varias salidas, como si fueran pasadizos. En el centro de esta plaza la luz es muy clara y está rodeada por sombras que se rompen a la entrada de cada túnel iluminado. Ya no se pregunta de dónde sale la luz. Sigue siendo consciente de que todo es una proyección de su inconsciente, y de que lo que ve es como una pantalla tridimensional, un holograma de su propia psique. Se dice a sí mismo: «Esto está fácil, ha sido un pequeño susto, pero ya está. Todo es mente, todo es proyección. No tengo que olvidarme de ello».

****

De repente, se da cuenta de que al costado de uno de los túneles hay una figura que se empieza a mover hacia donde él está. Se acerca de forma pausada, como midiendo cada paso que da. Tiene la mirada fija en nuestro héroe y su rostro no denota tensión alguna. Más bien, es como si lo estuviera esperando.

El héroe se percata de que es un guerrero de la época de las cruzadas perteneciente a la orden del Temple. Se levanta del suelo y se pone frente a esta figura, que a nuestro héroe le parece muy alta y fuerte. Lleva una espada al cinto, su cota de malla y sus ropajes con la cruz roja de los templarios.

—¿Quién eres? —le pregunta nuestro héroe.

—Soy el guardián de esta plaza y de las entradas a los diversos túneles.

—¿Estas aquí para impedirme pasar?

—¿Por qué debería estar aquí para eso? ¿Acaso no sabes que yo seré lo que tu mente desee que sea?

—Si eres un guardián, imagino que algo debes de guardar.

—Así es. Supongo que ya sabes a qué nos dedicamos los templarios: a guardar los caminos para todos los que pasan por ellos. Estamos para proteger a los transeúntes de todo mal, evitando que sean robados o asesinados. Hacemos que los caminos sean seguros. Estoy aquí para saber si te soy útil.

—No hace falta que me ayudes, tomaré uno de estos pasadizos y ya veré dónde me lleva. Al final, todo es ilusión. Solo es cuestión de hacer la pregunta correcta. Gracias.

Nuestro héroe escoge un pasadizo al azar y lo cruza casi a la carrera. Cuando llega al final, se queda sorprendido al encontrarse con otra plaza igual a la que ha dejado atrás.

«Bueno, está claro que esto no funciona así. Volveré atrás y le preguntaré al amable guerrero».

Así lo hace, y al llegar a la plaza de donde cree que había salido, allí no hay ningún guerrero. Entonces recuerda que en este descenso al inconsciente hay una regla: «No se puede volver atrás». Cada paso que se da ha de ser firme y con plena conciencia.

Decide desandar otra vez sus pasos para llegar a lo que cree que es la segunda plazoleta. Se da cuenta de que es la misma y de que está solo. Empieza a subirle desde el vientre una sensación de ahogo, siente que las piernas lo paralizan; conoce muy bien esta sensación.

«Estoy perdido. No hay nadie a quién pedir ayuda. Otra vez estoy solo. Esto es una especie de laberinto».

Decide seguir otro túnel, y otro, y otro más. El resultado es el mismo: está en el mismo sitio. Recuerda lo que le dijo al templario: «no necesito ayuda, ya sé como funciona esto».

Se dice: «Piensa en la pregunta y en la respuesta. Recuerda que tú eres el problema y la solución. ¿Cuál será el camino? Está claro que esta no es la pregunta, es evidente por sí misma. Piensa, piensa...»

Está sentado en la esquina de uno de los pasadizos. Se pone nervioso, no se le ocurre nada. Transcurre lo que, según él, es mucho tiempo... vuelve a pensar en lo de *ad eternum*.

«Todo es uno mismo, todo es un reflejo. Has cometido un error, reconócelo. De buenas a primeras te has convertido en un sabelotodo, y eso se refleja en esta situación en la que te ves en apuros —se dice nuestro héroe—. He cometido el error de la prepotencia, de la arrogancia, de creerme sabio. Es uno de los errores más comunes que todos cometemos».

Empiezan a venir a su mente recuerdos de otros tiempos. Imágenes en las que él se muestra arrogante, creyéndose que las cosas ocurren gracias a él. Cree que no necesita ayuda, que sin él las cosas no funcionarían correctamente, que no puede abandonar a sus amigos porque ellos no son nada sin él. Toma conciencia de que muchas veces se atribuye éxitos de los demás como si fueran suyos. Busca las alabanzas, el reconocimiento y utiliza todas las artimañas para conseguirlos.

Se siente derrotado. Creía que ya había superado todo esto y de repente se da cuenta de que todavía está presente este gran error.

«Te has olvidado de que nada ocurre por casualidad. De que todo lo que aparece en tu vida tiene una razón de ser. Has rechazado la ayuda —se recrimina nuestro héroe—. Mereces este castigo. Confiar en uno mismo es un valor, menospreciar a los demás es un error. Nunca sabes qué camino va a escoger Dios para hablarte. Cómo puedes olvidar tan rápidamente», se vuelve a recriminar.

Nuestro héroe comete un error igual al de la arrogancia, el de culparse. Cree que sigue teniendo la razón aunque, en este caso, parece tener razón en que es un zopenco. No se da cuenta de que todo tiene dos caras. En este caso son la arrogancia de creer que sabe y la arrogancia de ser un estúpido.

Nada cambia, todo sigue igual. En su fuero interno pensaba que si aceptaba su error cambiaría algo, y para asombro suyo, todo permanece aquietado, como congelado en el tiempo.

Oye un ruido que viene del fondo de uno de los pasadizos. Ve una figura pequeña y escueta que se dirige hacia él.

«Por fin, algo está cambiando».

Es una niña de unos diez años, vestida con una especie de túnica bastante humilde. Su cara tiene una expresión de miedo, está asustada. Dos lágrimas resbalan por sus mejillas.

—Hola, ¿quién eres tú?

—Estoy perdida, no sé qué hacer ni adónde ir. Todos aquellos con lo que me encuentro también están perdidos y no saben qué decirme. Estoy un tiempo con ellos, pero al final decido moverme. Y tú, ¿qué haces aquí?

—Querida niña, no sé si te seré de gran ayuda. ¿Qué te parece si me das la mano y buscamos al guerrero templario? Al fin y al cabo, aquí quietos no hacemos nada.

—Pero yo ya llevo tiempo caminando de aquí para allá. También me encontré con este guerrero del que hablas y salí corriendo. ¿Puedes ayudarme?

—Dime, ¿de qué tienes miedo?

—De la soledad. Cuando vivía con mis padres, ellos siempre estaban fuera, en sus trabajos. Para ellos lo más importante eran otras cosas.

—Oye, corazón, ¿sabes que hay una lección que puedes aprender?

—¿Cuál? —pregunta la niña.

—Nunca estarás ni te sentirás sola si estás contigo misma. No esperes que los demás hagan algo por ti. Haz por ti aquello que más anhelas. Haz también que los demás no se sientan solos. Sé aquello que esperas de los demás, deja de esperar que ellos sean lo que tú esperas de ellos. Tengo que decirte que desde que has llegado me encuentro mejor, y esto te lo debo a ti. Si quieres, puedo acompañarte.

—¿Y adónde iremos?

—Eso no importa, vamos a dejarnos guiar por nuestro corazón. Vamos a alejar el miedo de él. El miedo siempre es una creación nuestra y se alimenta de la soledad.

Nuestro héroe toma la mano de la niña y empiezan a andar. Se adentran en uno de los pasadizos. Sus mentes están tranquilas, sus corazones empiezan a sentir alegría. Dejan que el camino se abra a sus pasos.

Por fin llegan a un lugar diferente. Ante ellos aparece un hermoso paisaje, montañas, prados bien cultivados, y al fondo, un castillo medieval. Se dirigen hacia él sin encontrar a nadie por el camino. Están frente a la puerta y llaman con todas sus fuerzas. La puerta se abre y aparece un guardián con su escudo y su lanza. El guardián los mira con cara de asombro. Parece que reconoce a la niña. Se dirige a nuestro héroe diciéndole:

—Has encontrado a la princesa. ¡La dábamos por muerta! Se adentró en el «bosque sin retorno» pero aquí la tenemos. Pasad y vamos a avisar a sus majestades, el rey y la reina.

El héroe se encuentra frente a los reyes de este castillo. No sale de su asombro y siente que va a ser recompensado por llevarles a su querida hija. El rey se dirige a él diciéndole:

—Muchas gracias, caballero. —Nuestro héroe se percata de que lleva las vestiduras de un cruzado—. Realmente vuestra orden cumple con su juramento. Proteger al desvalido, cuidar al peregrino y todo por amor a Dios. Gracias, puedes seguir tu camino, rezaremos por ti y daremos gracias al Altísimo.

Al salir, nuestro héroe se encuentra con otro guerrero cruzado, y dirigiéndose a él, le pregunta:

—¿Qué haces tú aquí? ¿Cómo es que no sigues tu camino?

—Estoy al servicio del rey; es una prerrogativa que se me concedió por salvarle cuando fue atacado por unos bandidos en su peregrinaje a Tierra Santa. Y tú, ¿qué haces aquí?

—Encontré a su hija, que se había perdido. Me ha dicho que muchas gracias y que siga mi camino.

La envidia

Cuando no se consigue el éxito o el propósito ansiado, surge la envidia, que es tristeza o pesar por el bien ajeno, o el deseo de algo que otros tienen y uno no posee.

Nuestro héroe sigue su camino preguntándose adónde va y sintiéndose triste por no estar cómodamente sentado en el castillo, recibiendo beneplácitos por su buena obra. La envidia, que siente en todo su ser, lo corroe. En el fondo sabe que tiene que seguir su camino, siempre hacia delante y sin mirar atrás. Pero no sigue su propio consejo y da la vuelta, se dirige otra vez al castillo. Va al encuentro del guerrero que había salvado al rey. Al encontrarlo, le pregunta:

—¿Por qué a ti se te ha dado el regalo de estar aquí?

—¿A qué te refieres? —le contesta el templario.

—Ya sabes a qué me refiero. Tú estas aquí, protegido y reconocido, y a mí apenas me han dado las gracias, sus buenos deseos y algo de comida para seguir mi camino.

—¿Y cómo sabes que esto que dices es así? Yo quisiera marcharme, ser libre de ir donde quiera y me siento obligado a servir al rey. Te recuerdo que siempre creemos saber qué es lo mejor para los demás; parece que lo has olvidado. Eres libre de ir adonde te apetezca y te quejas por ello.

El héroe se siente tentado de golpearle y ocupar su sitio. No comprende que el cruzado no se sienta contento de estar en un lugar donde se le quiere y se le respeta. Contiene el aliento y recupera la calma y la tranquilidad de espíritu.

«Realmente siempre estamos quejándonos del lugar donde estamos. Nos dejamos atrapar por deseos mundanos, creemos que sabemos lo que es mejor para nosotros. He sentido la punzada de la envidia y ha pasado por mi mente el deseo de matarle y ocupar su sitio».

Nuestro héroe recuerda que en la más ligera punzada de dolor reside nuestro deseo de matar y asesinar, y que al ser reprimido se esconde en el inconsciente, manifestándose en el demonio de la envidia. Esta es corrosiva hasta el punto de que deseamos el mal a los demás con la esperanza de que eso deje el camino libre a nuestros deseos y anhelos. La envidia corroe la mente y hace que elucubre situaciones para poder calumniar, rumorear, menospreciar a quien está en el lugar que nos gustaría ocupar. La envidia proyecta culpabilidad por doquier, buscando el reconocimiento ajeno a costa del dolor y el sufrimiento de otros. La envidia es el artífice del mal en el mundo, pues anida en las mentes que se sienten desconectadas de todo y creen que nada vuelve a ellas.

El héroe se arrodilla y empieza a orar: «Gracias por la oportunidad de salir del laberinto. Cuando solo pensaba en mí, me diste la ocasión de pensar en los demás, de servir, de ser útil sin desear contraprestación. Gracias por permitirme hacer felices a unos padres, aunque sean reyes. Gracias». Al levantarse y alzar los ojos, se percata de que está en otro lugar. Es una especie de monasterio. Al fondo ve unas figuras que se mueven; llevan la cabeza cubierta y caminan en fila, en procesión.

La lujuria

Un monje se acerca corriendo hacia nuestro héroe diciéndole:

—¿A qué estás esperando? Vamos con los demás hermanos, es la hora de los maitines.

—¿Cómo dices? —responde el héroe observando su vestimenta de monje.

—Siempre te retrasas en las horas canónicas —le reprende el monje.

Se levanta y sigue al monje. Se siente aturdido: tiene la cabeza dolorida y una sensación de pesadez que le impide pensar con claridad. Hace lo que hacen los demás monjes como si fuera un autómata. Se encuentra rezando y se queda sorprendido porque las oraciones surgen como si llevara haciéndolas toda la vida. Se da cuenta de que los demás monjes le conocen y saben de su impuntualidad. Algunas miradas furtivas se dirigen hacia él. Curiosamente, no se siente incómodo, más bien lo contrario. El día continúa con sus rutinas; él se encarga de asistir a los pobres y necesitados que se acercan al monasterio, cosa que hace con placer porque aleja la atmósfera espesa que bloquea su mente.

La vida en el monasterio se rige por la regla de *ora et labora*. El tiempo se reparte entre el trabajo, el estudio, la lectura religiosa y la oración.

Nuestro héroe tiene el don de sanar y aliviar a los enfermos: conoce remedios ancestrales, hierbas medicinales, la utilización de cataplasmas y un largo etcétera. Un día, el padre prior —el superior del monasterio— le hace un encargo:

—Debes ir a palacio para atender a la hija del conde, pues lleva unos días enferma y los médicos no saben bien qué le pasa.

Él se dirige presto a realizar el mandato, y de repente se encuentra en la habitación donde descansa la joven. Es una mujer muy bella, aunque su semblante indica que tiene fiebre.

A petición del monje se quedan solos, y le dice que la va a escuchar en confesión. Nada más verla, nuestro héroe intuye que su problema es un mal de amores.

—Querida hija, estoy aquí, bajo el sagrado sacramento de la confesión. Lo que tengas que decirme, lo que tu alma soporta, puedes decirlo ahora y quedará en el secreto sagrado.

La joven se queda mirándolo con los ojos abiertos y con cara de alivio. Inspira profundamente para tomar aliento y dice:

—Mis padres han decidido que debo ingresar en un convento para servir a Dios. Han decidido que la castidad es la mejor ofrenda para servirle, pero mi corazón anhela casarse con un apuesto joven de una familia amiga. Nos hemos visto furtivamente alguna vez. Nuestros padres no saben nada de nuestro amor y no puedo soportar alejarme de él.

»Padre, sé que el deseo de estar con él es un gran pecado y que merezco castigo por tener este anhelo ardiente. Sé que si me absuelve, volveré a pecar, pues mi deseo de estar con él tiene arrebatada mi alma. ¿Qué me aconseja?

Nuestro héroe recuerda los votos de castidad, y las noches oscuras de dolor y culpabilidad que ha pasado. Ahora está frente a una joven hermosa y en su interior siente el deseo de poseerla. Es un deseo irracional que le atormenta desde que ingresó en la orden, y ahora parece que el demonio le tienta por enésima vez al tener que oírla en confesión. En su orden, la obediencia es sagrada. Se encuentra en la tesitura siguiente: obedecer o seguir los dictados de su corazón. Sabe que la mujer representa las tentaciones de la carne y está considerada como un ser inferior. Algo que se recuerda muy a menudo en el monasterio.

—Querida hija: en el Señor, yo te absuelvo de tus pecados de lujuria.

—Padre, por favor, deme algún consejo. Mi sufrimiento es un castigo. Tiene que haber una salida: hable con mis padres, sobre todo con mi padre.

Él asiente con la cabeza, le da algunos consejos para cuidar su cuerpo y le receta hierbas y cataplasmas, emplazándola para verse dentro de unos días.

****

Nuestro héroe se encuentra frente a los padres de la joven, que le piden su opinión. Él habla con respeto y sin tapujos.

—Su hija tiene el mal de amores. Está prendada de un joven de buena familia y arde en deseos de contraer matrimonio. Creo que deberían reconsiderar lo que han decidido para ella por su bien y su salud.

El padre pone el grito en el Cielo. Sus creencias sobre Dios y el diablo son inflexibles.

—Nuestra hija tiene que obedecer, es la ofrenda que esta familia hace al Señor. Así tendremos ganada la vida eterna. No hay más que hablar.

Nuestro héroe está abrumado por sus pensamientos sobre al sexualidad y la castidad. Reza toda la noche y todo el día. Flagela su cuerpo, al que ve como la causa del infierno que está viviendo. La joven se le aparece constantemente en su mente. La desea con una fuerza que le quema el alma. Piensa y siente que realmente la mujer representa el pecado de la carne. No deberían mostrar ni insinuar su belleza y encantos, pues la carne es débil, y si amas al Señor debes tener una mente limpia y pura.

El héroe enferma, no come, no puede moverse aunque lo intenta con todas sus fuerzas. Comprende profundamente a la joven. Tiene que recuperar su cordura sea como sea.

Después de varias semanas de dolores, sufrimientos y de llegar a una debilidad extrema, toma una decisión. La única decisión coherente: seguir los dictados de su corazón. Estos días de dolor también han sido de lucidez. Tuvo un sueño revelador en el que se le aparecía un hombre vestido de negro y le decía:

«El mundo en el que vives está tremendamente polarizado entre lo bueno y lo malo, entre lo santo y lo sacrílego. Esto produce una gran tensión en las mentes y un gran dolor que tiene su asiento en la culpabilidad y en la creencia de que Dios quiere vuestro sacrificio. El Señor no sabe nada de sacrificios ni de sufrimientos, Su Amor hacia toda la Creación es infinito. La sabiduría está en saber vivir en el sendero del medio, que emerge gracias a las dos fuerzas que se complementan. Cuando alguien sabe vivir en este sendero, ayuda a que el Cielo descienda sobre la Tierra. Esto es santidad. Vive con coherencia, que tus actos estén con armonía con lo que piensas y sientes».

Al día siguiente, nuestro héroe se despide de sus hermanos monjes y abandona el monasterio. Va a servir al mundo de la mejor manera que ha descubierto: quiere liberar el dolor de las almas y sanar el cuerpo de todo aquel que se acerque a él con una petición de ayuda.

****

Nuestro héroe se encuentra en un camino. No recuerda que ha sido un monje. Es más, no recuerda nada en absoluto de lo acontecido. Se halla en un tiempo sin tiempo, y en un lugar que solo existe en su inconsciente.

La codicia

El héroe se halla en los pisos superiores de un gran edificio. Es el presidente de una corporación con gran poder, capital e influencia en el mundo de la política.

En esta reunión se está decidiendo crear una necesidad a la gente para que compre cierto producto de forma desmedida pero bien controlada. Nuestro héroe hace una llamada al gobierno de la nación.

—Señor presidente, es importante que se generen noticias para que la gente se preocupe por sus inversiones, y para activar la necesidad de vender por miedo a la pérdida de valor de sus acciones.

—Señores —dice dirigiéndose a sus compromisarios—, prepárense para vender acciones del producto que hemos hablado. Hagan que cunda el pánico, los medios informativos nos respaldarán. Luego compren.

En su semblante serio se dibuja una sonrisa sarcástica que denota su codicia. Se sabe dominador de un mundo que está a sus pies. El poder que ejerce en todas las esferas es total. Ve a los seres humanos como ganado y al mundo como una granja. Mueve a su antojo los deseos de estas gentes, les dice lo que tienen que comer, cómo vestirse, a quién votar, a dónde ir, qué comprar, qué vender. En definitiva, siente que tiene el mundo en sus manos. Sus ansias de poseer más y más nunca quedan satisfechas.

Hoy va a decidir que tiene que haber una confrontación armada en unos países que se resisten a sus deseos desmedidos. Se encarga de que se encuentre un motivo —y si no, de que se invente— para invadir dichos países. Sus empresas armamentísticas necesitan vender todas las armas fabricadas.

Desde su atalaya se siente seguro y poderoso. Puede hacer que ocurran cosas cuando así lo desee, produciendo enormes beneficios.

Su mayor destreza es hacer que el caos reine de forma constante en el mundo y que sus gentes vivan con un miedo permanente. De esta manera son más manipulables. Sembrar el odio entre culturas y países es lo que mejor domina, su acción favorita. Se da cuenta de que la gente no piensa y le hace creer que toma decisiones. Esto es lo que más le divierte: sobre todo que los demás crean que controlan sus vidas.

Inmerso en sus pensamientos de poder y de gloria, no se da cuenta de que alguien ha sido capaz de infiltrarse en su atalaya. Este alguien está a sus espaldas, mientras él sigue mirando la *city* desde los grandes ventanales de su oficina.

—Ha llegado el final de tu gloria —oye a sus espaldas.

—¿Quién eres tú? ¿Cómo has llegado hasta aquí? ¿Qué quieres?

—Uy, uy, uy, son muchas preguntas para contestar... No todo es tan perfecto como tú piensas o crees.

—Puedo ofrecerte lo que quieras, pídemelo.

—¡Qué gracioso eres! Sigues pensando que todo tiene un precio. Así es: mi precio es tu vida. ¿En cuánto la volaras?

El magnate —nuestro héroe— se queda sin palabras por primera vez. Observa la mirada fría de la persona que tiene delante. Es una persona desesperada que no tiene miedo a morir porque hace ya tiempo que está muerta. Los negocios del magnate han arruinado su vida, y su hija enferma murió porque no pudo pagar su tratamiento. Lo único que le importa es matarle. El magnate balbucea unas palabras.

—¿Qué conseguirás con mi muerte? Todo seguirá igual, alguien me sustituirá. El mundo siempre busca culpables de sus desdichas.

El magnate se da cuenta de que estas palabras hacen mella en la mente de su potencial asesino. Y continúa:

—No voy a moverme, puedes estar tranquilo. Conozco el poder del universo. Todo es vibración, todo es resonancia. Lo que importa es la conciencia, pues ella está creando lo que llamamos realidad. Yo no soy el malo, el enemigo. Yo soy lo que la inmensa mayoría de la gente quiere que sea. Vuestras creencias de carencia, de necesidad y de control son alimentadas por mí y mis empresas. Existo porque en la conciencia colectiva vive la creencia en la separación, en el control y en la necesidad, es decir, en la carencia. El miedo colectivo a sentirnos separados de todo lo que nos rodea genera un pavor inmenso, que es el alimento de las personas que, como yo, sabemos utilizar tamaña energía y poder.

—No quiero escuchar tus palabras, la culpa de lo que ocurre siempre la tienen los mismos.

—Esto es la consecuencia directa de la creencia en que la causa de la culpa está fuera y no en uno mismo. Aquí reside la esencia del poder que ostento. Me alimento de vuestra proyección, de vuestra energía, que me llega a través de vuestro odio, ira y rencor. Si la sabes dirigir, es una energía brutalmente eficiente.

—¿Me estás diciendo que yo tengo el poder de dirigir mi vida esté como esté, tenga dinero o no?

—Así es. El miedo no te va a dar nada. Es más, te va a quitar lo poco que tienes. El problema, que por tanto es la solución, es que, curiosamente, el dinero va a los lugares, a las asociaciones y a las personas que son repudiadas, mal vistas, criticadas, a todo lo que se considera prohibido. Como ejemplo, consideremos lo que ocurrió cuando hubo la ley seca. Nunca tan pocos se habían enriquecido tanto gracias a una prohibición. Ya conoces el encanto de lo dulcemente prohibido. Prohíbe algo y automáticamente surgirá la oportunidad de enriquecerse. Bendice algo, hazlo santo, y verás pobreza, mientras otros engordan con esa bendición. El mundo es así, la carencia de unos es la abundancia de otros.

El discurso del magnate está haciendo mella en el asesino potencial, que se sienta en un sillón e indica al magnate que haga lo mismo.

—Sigue —le espeta.

—Saber mover estas energías no es malo ni bueno, es una forma de vivir. La mayoría de la gente vive dormida. Ahora mismo te estoy dando a conocer el mayor secreto del universo: tú solo puedes dar aquello que los demás están dispuestos a recibir. Yo doy lo que la gente quiere y eso es precisamente de lo que se quejan: vivir con miedo.

Como creen en el miedo, yo lo alimento. Pregunto: ¿Es mi responsabilidad o la suya?

Se hace un silencio tenso y a la vez profundo.

—Si realmente quieres ayudar, ¿no deberías ayudarles a tomar conciencia de su situación? ¿No ganarías también dinero con ello?

—En el universo todo se mueve por polaridades. Como te digo, el miedo sustenta una de ellas, que es la creencia en la separación, y por lo tanto en la carencia. Esta polaridad es en la que yo me muevo. Estoy aquí para alimentar este miedo, que por sí mismo demanda más miedo. Así es como funciona el universo en el que existimos.

El héroe prosigue, y el hombre, que lleva una pistola, sigue callado y atento.

—Te voy a poner un ejemplo muy claro. En su inmensa mayoría, la gente cree que en el mundo hay cosas buenas y cosas malas, y que ambas están desconectadas. Es decir, o haces lo que ellos llaman el bien o haces el mal. Por lo tanto, hay conductas buenas y conductas malas, y además muchos piensan que las conductas buenas no deberían costar dinero. Dicho de otra manera: el bien debe realizarse de forma altruista. He visto a gente racanear el pago de un curso o seminario que le permitirá vivir mejor y estar en paz. Se lamentan del precio, y por otro lado no reparan en gastos cuando hay que seguir a su equipo de fútbol favorito al último rincón del mundo. Por tanto, si las cosas buenas no deben costar dinero, ¿adónde irá el dinero? Por descontado, a las cosas que se acostumbra a llamar malas: prostitución, drogas, conductas desenfrenadas, apuestas, etcétera, y aquí estoy yo para recogerlo.

El héroe continúa y el silencio se puede cortar:

—Yo también estoy atrapado en esta polaridad. También me siento terriblemente solo, pues sé con certeza que las personas que tengo al lado, las que trabajan conmigo, me tienen miedo. Obedecen por miedo, me siguen por miedo y hacen exactamente lo que les digo porque alimento su codicia, y así se creen que tienen control sobre sus vidas. No saben que ellas me pertenecen y puedo decidir lo que quiera con respecto a ellas.

»Estoy equilibrando la ignorancia del mundo; critican mi codicia y no ven la suya. Muchos creen que si son ricos no podrán ir al cielo. Otros, en cambio, creen que ganando dinero, y generando riqueza glorifican a Dios. Como ves, el mundo es una locura, es demente. Tú eres la expresión de esta locura y piensas que eliminándome a mí terminará el problema. Así es como piensa el mundo, sin saber que esta forma de pensar hace girar la noria eternamente. Si eliminas una polaridad, la otra desaparece. Lo que se ha dado en llamar la eterna lucha entre el bien y el mal acabará cuando se unan los opuestos, cuando se equilibren, cuando pierdan el sobrenombre de buenos y malos.

»En una inscripción cincelada en el templo de Delfos se puede leer: «Nada en exceso». Es una inscripción relacionada con lo que te estoy explicando. Esta máxima contempla la gran tensión entre los opuestos, y solo puede ser gobernada por aquellos que conocen muy a fondo su lujuria, su orgullo, su ira, su codicia; en definitiva, todos sus supuestos vicios. Solo aquel que ha comprendido y aceptado sus propios límites puede tomar la decisión de ordenar y humanizar sus acciones.

»Como ves, yo no soy ese, pero tú me estás dando la oportunidad de equilibrarme y enmendarme. Estoy aprovechando la oportunidad de trascender mi polaridad, y lo hago explicando a alguien que está en la otra polaridad la forma de salir de ella y de estar en equilibrio, tal como reza la inscripción que he mencionado.

»Voy a darte otro ejemplo, que para mí es clarísimo, de lo que expongo: la obsesión por la salud, las dietas, los medicamentos, la longevidad a cualquier precio, dan testimonio del miedo permanente a la muerte.

»Hombres como yo estamos aquí para equilibrar esta energía y vendemos lo que haga falta. Al final de los tiempos, la humanidad entenderá que ha encontrado al enemigo y dirá: «Somos nosotros mismos».

Se hace un largo silencio. El magnate parece cansado, pero, por primera vez, su rostro refleja paz. Ambos personajes se miran, ambos esperan una señal para saber qué hacer. Por fin el magnate —nuestro héroe— dice:

—Gracias por estar aquí, eres el exceso de mi exceso. Para liberarte, tienes que liberarme. No te lo pienses más: dispara y me harás un hombre libre, me liberarás de mis cadenas. Yo ya he cumplido mi cometido, he sustentado la polaridad de la riqueza para que otros pudieran vivir su pobreza, y además he transmitido el secreto. No alargues más mi agonía. ¡¡Dispara!!

Se oyó un disparo.

«Preferiría ser un individuo completo antes que una persona buena.»

Carl G. Jung

El apego

«Los enemigos como el odio y el apego carecen de piernas, de brazos y demás miembros, y no tienen coraje ni habilidad. ¿Cómo, entonces, han conseguido convertirme en su esclavo?»

Shantideva

****

Nuestro héroe se encuentra en medio de una gran familia. Él es el patriarca, la persona que alimenta mental y físicamente al grupo. Es un hombre maduro, a punto de entrar en la tercera edad. Está sentado en su sofá observando a su familia: su mujer, sus tres hijas y cuatro nietos. Es un día festivo y se han reunido para celebrar su cumpleaños.

Está recordando, rememorando diferentes aspectos y experiencias de su vida. Cuando era pequeño, su madre casi nunca estaba en casa. Sentía que no era querido y su educación fue muy estricta. Si no hacías tal cosa, eras castigado, o sencillamente te amenazaban con los castigos divinos.

Durante este tiempo creó lazos de dependencia, y ahora está contemplando sus frutos. Sufre solo con pensar que su mujer lo pueda abandonar, sufre solo con la idea de que sus hijas no lo acepten, sufre con las críticas, sufre ante la posibilidad de que alguien pudiera pensar que su familia no es perfecta. Se desvive constantemente por agradar; busca el halago y el reconocimiento. Se vuelve loco pensando que se le podría poner en evidencia y que se podría llegar a saber cómo trata a su esposa, siempre a gritos, siempre culpándola de todo. Nuestro héroe no se reconoce como maltratador. Su único interés es dar la imagen de persona perfecta, agradable, de amante esposo y padre ejemplar. Está apegado a su imagen, que fue alimentada por una madre sobreprotectora que le inculcó que él es un niño perfecto, que los demás son los malos y que no deben saber la verdad de lo mucho que ella tuvo que aguantar y sufrir. La edad emocional de este hombre no ha sobrepasado los 15 años. Es muy escurridizo frente a las críticas y las frustraciones. No reconoce ningún error. Es tremendamente agresivo y esta agresividad tiene muchas caras.

- Siempre que puede, minimiza al otro. Demuestra un poder soberbio que ejerce sobre la debilidad, el error o la deficiencia.
- Sabe jugar con su ego y con el ajeno. Lo hace mediante la adulación, teniendo detalles, procurando agradar siempre. Se trata de agresiones a la mente del que adula.
- Vive en la mentira permanente. Cuando se le descubre, se vuelve agresivo.
- Le encanta sentirse víctima; de esta manera los otros son los culpables. Cuando hablas con él sobre cualquier cosa, se quita la responsabilidad de encima en un momento. Es evidente que hacer que alguien se sienta culpable «funciona», y es una forma encubierta de agredir a otros porque se les manipula.

El héroe se encuentra atrapado en uno de los mayores demonios: **el apego**. Su existencia depende absolutamente de los demás. Sus acciones siempre están dirigidas a captar la atención. Vive en la neurosis, en un dolor emocional excesivo; esta es la causa de sus conductas marcadas por la manipulación permanente. Este dolor se expresa de muchas formas: celos, agresividad, ansiedad, depresión, obsesiones y, sobre todo, dependencia. Vive una locura que se expresa como agresividad y control sobre la vida de los demás. Vive un infierno y no se da cuenta de que el único enemigo es él mismo. Su obsesión, su adicción, es la imagen de lo que él cree que es ser perfecto. No sabe vivir su vida, sencillamente no puede.

«Me estoy quedando solo. Mi mujer me abandona, mis amigos ven que mi matrimonio se va al garete. Mi imagen de amabilidad con todo el mundo se pone en evidencia. Ahora no se me escucha como antes. Mis hijas me cuestionan. No sé qué hacer ni adónde ir. No soporto que se hable mal de mí».

La necesidad de controlar le vuelve loco. Las personas que creían en él se apartan. Se está quedando sin trabajo, sin sustento.

«Ahora nadie confía en mí. El mundo tiene la culpa de todo. Con el esfuerzo que hago por agradar, y ya nadie lo reconoce».

Nuestro héroe está en la calle, es un *sin techo*. No entiende cómo ha llegado a esta situación. Está al límite de la existencia. Solo le queda el suicidio, que empieza a alborear en su mente. Ni siquiera puede llevarlo a cabo. Se da cuenta de que es un cobarde. Ha vivido adicto, apegado a una imagen de perfección e impunidad. Él no es culpable de nada, ni asume ninguna responsabilidad por lo que le está pasando. Vive en su infierno alimentado por un infantilismo paranoico. Está instalado en una polaridad y negando la otra. Su mente está dividida como la del doctor Jekyll y el señor Hyde. Ambas mitades no se reconocen y empieza a ser urgente que lo hagan. Está echado en un portal, tiritando de frío. No le importa morir y al mismo tiempo piensa que quizá la muerte no sea la solución.

Un resquicio de luz entra en las tinieblas de su mente. «Quizás sea yo el responsable absoluto de cómo estoy ahora. Me rindo, no pienso luchar más, no he sabido hacerlo mejor. Siempre he oído decir que venimos al mundo con la información de nuestros padres. Mi madre me tuvo en unas condiciones paupérrimas, ella fue abandonada y vivió en un orfanato. Vivió sin referentes, con un cariño mínimo. Yo, que soy el fruto de su vientre, para poder sobrevivir tengo que gustar a todos. Esto es un infierno. He tenido que utilizar mil caretas, he desarrollado un discurso de ausencia de culpabilidad. Asumir mis errores, mis faltas, se me hacía insoportable. Mi madre llevaba un dolor inconsciente de abandono, de soledad. Ahora yo estoy viviendo esa soledad, nunca me he sentido tan solo».

Un pensamiento, como una voz, brilla en su mente.

«Es imposible estar solo, aunque sí es posible que creas que lo estás. La Inteligencia que te da la vida siempre te sostiene. Ella solo puede darte lo que estés dispuesto a recibir. Si culpas o te sientes culpable, ella te dará el correspondiente castigo. Tú tienes el poder de decidir.

No puedo más, me perdono por todo el daño que me he hecho y por el que hice a los demás. Acepto la situación en la que me encuentro y me abro a la experiencia de dejar que la Vida me indique el camino».

Aquella misma noche alguien se le acerca, le mira a los ojos y le dice:

—¡¡Sígueme!!

Nuestro héroe se ve fuera de su cuerpo, que queda inerte. El ser que le dio la orden lo coge de la mano y se lo lleva de aquel lugar diciéndole:

—Has dado el paso más importante que existe. Te has desapegado de los valores del mundo. Aquí empieza la libertad tan anhelada por todos. Descansa, estás de nuevo en casa.

La última fase: el encuentro con el alma

Esta vez, nuestro héroe vive la experiencia como mujer. Es un homenaje a esta polaridad, a la que se ha hecho vivir en la sombra durante muchos milenios. Quiero recalcar la desvalorización atávica a la que se han visto sometidas las mujeres a lo largo de las épocas. Han sido tratadas, y siguen siéndolo, como meros objetos, y muchas veces como botines de guerra. En todos los conflictos, las mujeres han tenido que soportar todo tipo de vejaciones. Han parido hijos que muchas veces no han sido deseados, y han sido humilladas hasta el punto de desear la muerte como un placer, el único.

****

Nuestra heroína se halla en un amplio salón leyendo tranquilamente un libro. Frente a ella hay un fuego que caldea toda la habitación y crea un ambiente relajado. Se siente en calma, serena, en paz. De vez en cuando oye el crepitar de la leña y sigue leyendo... En un instante siente un profundo vacío, su mente se aleja de su cuerpo y mira fijamente al fuego. Este se hace enorme, y se convierte en una especie de pantalla. Sobre ella aparecen los fantasmas del pasado, todos los que ha conocido y otros que no sabe quiénes son. La culpabilidad la abruma viendo cómo educó a sus hijos y sus sufrimientos cuando son adultos. Esta culpabilidad le destroza el alma, siente que le embarga un miedo profundo, no siente el cuerpo, piensa que se está muriendo y se dice: «Esto debe de ser la muerte, y viene a través del daño que he cometido y del daño que me he hecho a mí misma».

La oscuridad la envuelve. Ve una daga, en cuya empuñadura aprecia claramente un símbolo formado por una serpiente, una cara, y debajo de ellas agua, como si fuera un lago. La daga se clava en su espalda, en su vientre; siente un dolor lacerante que afecta a su sistema nervioso. No puede gritar aunque lo intenta; es un grito sin sonido. Siente que puede desmayarse, su mente se aleja del cuerpo.

Ve a su madre y siente lo tóxica que fue. Ella permitió con su silencio el abuso que sufrió por parte de su padre y de sus amigos. Oye lo que le decía su madre cuando ella tenía 10 años... Ve la escena en la pantalla del fuego, las palabras que dijo se repiten lentamente como si estuvieran grabadas, cinceladas en el fuego:

«Todas las mujeres son unas prostitutas, te acuestas con tu padre, también tu abuela lo hace, todas las mujeres sois unas prostitutas».

—¡¡Mamá!! —grita—. Yo te lo expliqué y tú no me escuchabas. Te expliqué cómo vuestro amigo me cogió de la mano en aquella fiesta y me llevó a su habitación. ¿Dónde estabas? ¿No te diste cuenta de mi ausencia? Me desnudó, mamá, no podía gritar, tus palabras de que todas las mujeres somos una prostitutas hacían eco en mi mente. Tengo mucho miedo, mamá, mucho miedo, mamá, mamá... mamá.

Nuestra heroína ve estas imágenes de humillación y siente una enorme culpabilidad.

«Esto debe de ser el infierno», piensa.

Las lágrimas recorren su mejilla, de pronto se da cuenta de que está hablándole a su cuerpo.

«No te mueras, ahora no, justo cuando ya estoy en paz, justo cuando he sanado de mi enfermedad. ¡Ahora no!, tengo muchas cosas que hacer».

En la pantalla de fuego aparece su padre y ve cómo la coge a edades muy tempranas, la desnuda y la toquetea por todas partes. Imágenes de diferentes momentos se solapan de forma abrupta, sin cronología. Es una vorágine de dolor, humillación e impotencia.

Ahora en la pantalla aparecen sus hijos. Se da cuenta de que para ella son una carga. No los quería, su padre abusaba de ella, iba con prostitutas, le pegaba y se drogaba. Ve cómo gritaba en silencio durante su embarazo: «No quiero nada de este hombre, te odio, seas quien seas». Dolor y más dolor. Siente que su cuerpo no es suyo, sino un vehículo que va a reventar. Sigue hablando, haciendo que su mente se adhiera a este cuerpo que percibe como muy maltrecho. Jadea, le cuesta respirar, una oscuridad la rodea; solo el fuego ilumina la escena. Siente una fuerza que la quiere arrastrar. ¿Adónde?, se pregunta.

El fuego no está fuera, está en sus entrañas, en su bajo vientre, quemando las miasmas de sus dolores de niña, de adolescente, de joven y de mujer. El dolor se agudiza...

«Está claro que esto es el infierno y que estoy en él», se dice.

No puede moverse. Siente que debe sentir todo este dolor, toda esta vergüenza. De repente, surge una pregunta en su mente: «¿Para qué tengo que vivir esto? ¿Qué hago yo aquí?»

La mente se halla fuera del cuerpo. Le está hablando al fuego, repitiendo una y otra vez las preguntas. Toma conciencia de que siempre ha estado desconectada de sí misma. Ella es actriz, ha representado los diferentes personajes que le han ofrecido de una manera muy veraz. Toma conciencia de que su profesión le ha permitido identificarse con estos papeles, y ellos han cobrado vida en su inconsciente. Han vivido en su sombra y se han ido manifestando como personalidades en las diferentes obras y películas. La han poseído y ahora se revelan. Han sido su refugio para poder sobrellevar el dolor, la humillación y la vergüenza.

Se dice:

«Hasta mi enfermedad fue una decisión de mi ego. Lo hice para reclamar atención. ¡¡Dios!!, un papel más. El ego solo quiere nuestra destrucción, es la creencia máxima en la separación y se alimenta de esta. Su objetivo es matar o morir».

«Dios mío, nuestro ego, al que tanto defendemos, es el auténtico diablo. Nos hace creer lo que más le conviene, sentirnos víctimas, sentir culpabilidad, proyectarla. Nuestra ira, cólera, cualquier enfado que tengamos, por suave que pueda parecer, es nuestro deseo de matar y asesinar. Morir matando es su lema».

Pasan los días. La culpabilidad, el miedo y una enorme tristeza la embargan. Se mueve como un autómata. Las experiencias se repiten una y otra vez, como un carrusel dando vueltas sobre sí mismo.

«¿Cuándo terminará?» piensa.

Sigue viendo los papeles que ha representado todos estos años: sumisa, sacrificada madre, dolor y sufrimiento, mujer fatal, espía, papeles de deslealtad... narcotraficante, igual que lo fue su padre. Toma conciencia de que hay un papel que nunca ha representado: ¡¡El de prostituta!! Se estremece, su cuerpo tiembla, siente dolor, quemazón en sus entrañas, y suplica:

«¡¡¡¡Otra vez no, por favor!!!! He estado huyendo de mí misma durante todos estos años».

Ve otra vez a su hijo, y ve cómo se está destruyendo. Ella se ve en él, y él utiliza las mismas palabras que en su día ella se decía: no valgo para nada, no sé qué hago aquí, nunca lo lograré, prefiero morir.

«Quise abortar, no quería ser madre, abusé del alcohol, quería morirme», se repite una y otra vez.

Un recuerdo que tenía olvidado asalta su mente y se dice:

«Sí, sí que fui prostituta cuando me quedé sola con mi hijo. No tenía con qué vivir, no sabía qué hacer. ¡¡Dios!!, fueron unos meses terribles, haciendo lo que más odiaba.

Me perdono, Señor, me perdono por todos los errores que he cometido, por el daño que me he hecho y las experiencias que me he impulsado a vivir».

El dolor se calma, su mente se tranquiliza, se aquieta. Su respiración, aunque entrecortada, se normaliza. Hay una profunda calma, se levanta y se mira al espejo.

«Dios mío, me veo por primera vez».

Se desnuda para ver su cuerpo sin ropajes, sin caretas, siente que ahora está limpia. Ve su alma y respira pureza, sutileza. Tiene los ojos limpios y brillantes, y mirada de inocencia. Comprende que su ser tampoco es el alma, que es un maravilloso vehículo que sustenta a la conciencia «yo soy». Ella —el alma— es la protección de la conciencia fuera del espacio/tiempo, la que da vida al cuerpo. La mente es como un *software* que almacena información y está polarizada a causa de la creencia en la separación. Recuerda unas palabras de *Un curso de milagros*: «Tu ego no puede impedir que Dios resplandezca sobre ti, pero sí puede impedirte que le dejes resplandecer a través de ti» (T-4.IV.9:6). Aprecia lo dormida que ha estado, atrapada en un sueño que le parecía muy real, pero que no se diferenciaba de ningún otro. La mente atrapada en la dualidad crea constantemente luces y sombras. La creencia en la separación es el infierno. Cuanto más nos queremos separar del otro, más surge el dolor. La consciencia siempre está expresándose, y la mente contiene todos los filtros que condicionan nuestras experiencias, que, atrapadas en las creencias, nos hacen vivir una vida de autómatas.

Reflexiona:

«Es increíble lo dormidos que estamos. No he sido consciente, hasta ahora, del poder que surge cuando se junta el pensamiento con una creencia: literalmente puede mover montañas.

Si la gente viera lo que ocurre en sus vidas a causa de sus juicios, se horrorizaría, tal como me ha pasado a mí. No somos conscientes del poder de nuestros pensamientos, sustentados por nuestras creencias y alimentados por nuestros juicios».

Una frase resuena en su mente: «En verdad os digo que con la vara que midierais seréis medidos».

«Estamos locos, el mundo es una demencia y nosotros unos zombis que creen estar vivos. ¡¡Somos como unos muertos vivientes!!»

De súbito, su alma se desprende de su cuerpo y la lleva a diferentes confines espacio-temporales. No hay velocidad en este desplazamiento, siente que está en un sitio y en todos a la vez. El alma es un vehículo celestial, angelical. Ahora entiende que todos somos ángeles, y que, según la vibración de nuestra conciencia, este vehículo se encarna en ciertos cuerpos y vive ciertas experiencias.

De repente, se abre frente a sus ojos lo que parece ser una pantalla, y de forma fugaz se le muestran todas las vidas o experiencias acumuladas en su alma. Solamente hay una vida viviendo la experiencia de vida/muerte, la experiencia de la dualidad repitiéndose en un sinfín. Todas las experiencias son información que el alma alberga, y que ahora queda liberada gracias a la observación que hace la Conciencia embriagada de paz, con plena comprensión de que no hay víctimas ni culpables. Su experiencia es un catalizador para que las almas se liberen de todos los encuentros que han tenido con otras almas que, como ella, han vivido en el infierno de la culpabilidad, y como, consecuencia, en el castigo. Este es el auténtico perdón.

Una voz sin sonido resuena en su mente:

«Solo el perdón, como consecuencia de que no hay nadie a quien perdonar salvo a una misma, hace posible el despertar y adueñarse plenamente de la vida que vives. La vida es un regalo, nunca ha sido un castigo. La Consciencia Cósmica, el Poder del cual emana Todo, sustenta nuestras conciencias individuales y se expresa a través de ellas mediante el fenómeno que llamamos "nuestra vida". Tu alma ya está libre».

La antesala

—Hola, querido héroe/heroína.

—Hola, ¿quién eres? ¿Dónde estoy? ¿Qué es esta sensación que tengo?

—Bueno, vamos por partes. Primero dime cómo te sientes y luego hilvanaremos tu experiencia.

—He revivido los *papeles* con los que me identificaba hasta tal punto que pensaba que este *yo* era real y único. Es asombroso que la identidad que hemos creado, el ego, se cree que es real, y sabe que si tomamos conciencia de que es nuestra creación, pierde todo su poder.

—Muy bien, ¿qué más?

—Que la vida es un sueño dentro de otro sueño y de otro sueño: que ahora mismo estamos en un sueño: que he experimentado este proceso en las dos polaridades, la masculina y la femenina: que en ambas polaridades la misma información no se vive de la misma manera: que cada polaridad la expresa de forma complementaria, y por eso siempre estamos frente a nosotros mismos. El otro es nuestro mejor maestro, nuestro espejo, y siempre que seamos capaces de reconocernos en él alcanzaremos nuestro equilibrio emocional. Este es el «gran secreto» para despertar del sueño.

—Sigue.

—Somos consciencia, y esta vive la experiencia de sentirse separada; es como un juego que decidimos jugar.

Se detiene, aturdida, y luego sigue:

—Se me hace difícil utilizar formas temporales porque sé que solamente existe el ahora, y tú, al preguntarme, de alguna forma haces que me reprograme. Mis respuestas, mis explicaciones, ya están creando una realidad, y esto hace que sean sopesadas con sumo cuidado.

—Así es. Por favor, continúa con tus reflexiones.

—Lo de que todos somos ángeles me ha sorprendido. Y los llamados demonios también son ángeles que sustentan la otra polaridad, la de las sombras, las prohibiciones, los secretos, los *qué dirán*, los *que no se sepa*, las apariencias, los engaños, las múltiples caretas que nos ponemos para ganarnos el beneplácito y la aprobación de los demás. Todo ello crea una profunda sombra que gestionan estos seres que llamamos demonios. Ahora comprendo que las deformidades de su vehículo celestial solo están expresando el alejamiento de la unidad, y como consecuencia sobrellevan la separación de todas las almas que, al sentirse separadas, viven su máxima expresión en el ego. La ira, la cólera, el odio y el miedo alcanzan su cénit en este ego que condena al alma a vivir en un infierno. Cuando en el mundo de la dualidad se viven los extremos, el genocidio se manifiesta al instante. ¡Cuánto dolor, sufrimiento, violencia, asesinatos, guerras y hambrunas cuando vivimos en un mundo tan hermoso!

»Nuestros cuerpos, los físicos, son vehículos más densos que nos permiten sobrellevar todas estas «miasmas» de las que te estoy hablando. Solo la mente necesita curación, como reza *Un curso de milagros*. El cuerpo almacena información mediante lo que llamamos genética y epigenética. Podemos reescribir toda esta información ampliando nuestra conciencia y comprendiendo que nosotros somos la causa, y que, proyectándola constantemente del pasado, estamos creando lo que llamamos «hoy».

»La información siempre está presente en un vehículo u otro; en cuál de ellos es lo de menos. Por eso, hay que entender que la frase bíblica: «Los pecados de los padres pasarán de padres a hijos hasta la tercera o cuarta generación», se refiere a los errores, decisiones y juicios de los que han vivido antes que nosotros. Nos transmiten su legado para revivirlo, y así transformar y llevar esta información a otro nivel de vibración mediante la comprensión de que todo está unido, interconectado y relacionado.

****

—Perfecto. Felicidades. Bueno, voy a contestar a tus preguntas. En este momento yo soy un instructor o mentor que te está asistiendo después de haber tenido éxito en tu viaje a través de la parte de la psique que llamamos inconsciente.

»Estás en la antesala, en el lugar donde se preparan las almas que desean ardientemente fundirse con la Consciencia Universal. Este anhelo es el deseo más puro de una conciencia que vive en la individualidad, es el último apego.

»Te desprenderás del último vehículo, el alma, para fundirte en el Todo. Vuelves a casa, donde siempre estamos. Pero ahora, con tu experiencia das sentido a la Consciencia Universal. El Uno siempre necesita del dos, y este necesita al tres para volver a casa. Esto es lo que se llama la Trinidad Santa, pues el Uno, el Dos y el Tres en perfecta armonía y equilibrio conforman una vida que expresa el Amor.

»Lo que experimentes cuando abandones el último vehículo, el alma, y te fundas en la Consciencia hará que cambies por completo este anhelo ardiente de abandonar la dualidad. Solo puedo decirte esto.

»Con respecto a tu sensación, he de decirte que tu vehículo, el alma, está purificada y vibra en una frecuencia celestial. Sencillamente esto. Has estado en cuerpos burdos y tu alma ha soportado incontables decisiones erróneas basadas en la creencia en la separación y en la mente dividida; muchas veces ha estado a punto de escindirse en dos y caer en la locura. Todas las vidas que has experimentado han sido «los encuentros con tu alma».

—Otra pregunta: ¿Puedes decirme lo que significan las imágenes que vi en la empuñadura de la daga?

—La serpiente es un símbolo universal de transformación del veneno en medicina. Para que esto pueda realizarse en el cuerpo, que es la cara, uno tiene que integrar las polaridades controlando y gestionando las emociones, que serían el lago.

»La serpiente significa transmutación. En tu caso, se trata de trasmutar todo el veneno que has recibido en tus vidas al comprender que la causa eres tú. Es el poder de la creación, pues abarca la sexualidad, la energía psíquica, la reproducción y la espiritualidad. Convierte el veneno del odio, la ira y la cólera en energía para la realización del Ser. A este proceso se le llama alquimia: la transformación del plomo en oro. El crisol o cáliz sagrado es el útero materno. Por eso has vivido tu última experiencia como heroína.

—¿Qué me puedes decir sobre el sexo?

—Que es el proceso necesario para la existencia en la vida. En él se unen todas las energías cósmicas para dar vida a un nuevo ser. Este nuevo ser siempre estará supeditado a las emociones de la madre, y a con cuánta armonía la madre viva con el padre. Es una boda alquímica, una boda donde puede nacer un ser Crístico, que es sinónimo de estar realizado. Para que ello sea posible, la mujer debe ser virgen, pero no de cuerpo, como se cree. Debe ser virgen de alma: un ser que ha trascendido la dualidad, es decir «sin pecado» ni error. Esta pureza de alma y mente que se refleja en su cuerpo y en la forma de realizar el acto carnal: un acto puro, llevado a cabo por mentes que viven en equilibrio en el mundo dual de las polaridades.

»Recuerda que *Un curso de milagros* indica que lo importante no es lo que haces —comer carne de cerdo, tener sexo o ir a la guerra—, pero tienes que elegir si lo haces con el Espíritu Santo o con el ego.

—Y ahora, ¿qué?

—Ahora vas a hacer un último servicio y sabemos que no te vas a negar. Vas a encarnarte en tres vidas, las tres centradas en irradiar paz y equilibrio emocional. Vas a enseñar qué es lo más importante en el mundo dual: llevar una vida coherente, saber que el poder está en uno mismo, evitar todo juicio y recordar que la santidad se halla en el sendero del medio. Vas a enseñar que en el mundo dual se tiene el «poder de decisión», y que siempre se expresa eligiendo entre el Espíritu Santo (el tres) y el ego. Siempre es uno mismo el que elige, y esta elección marca las experiencias de la vida. Enseñarás lo que ya tienes integrado y trascendido. Tus vidas se moverán de la opulencia a la sencillez, pasando por la sobriedad.

—¿Puedes decirme cuáles serán estas identidades?

—Por supuesto. Primero serás un luchador. Desde temprana edad experimentarás zozobras y vivirás en un orfanato. Después serás un santo; las gentes se acercarán a ti para encontrar la sanación de mente y cuerpo. En tercer lugar serás un gran emperador que dará derechos a la mujer e instaurará la igualdad de géneros. También promoverás el desarrollo de la ciencia y unirás lo que nunca ha estado separado (ciencia y espiritualidad) demostrando que se trata del mismo contenido expresado de distintas maneras.

»Todas estas historias se desplegarán en la misma época y con escaso margen de años entre ellas. Como sabes, esto es así porque el tiempo no existe como algo absoluto y lineal, todo está aquí y ahora. Te moverás en espacios/tiempos solapados. Ahora, en este instante, tu Conciencia es como el centro de una esfera. Vivirás la experiencia en aquel lugar al que tu conciencia preste atención a través de la mente. La mente solo puede existir de un instante a otro y crea una sucesión de acontecimientos. La Conciencia percibe todas las posibles combinaciones espacio/temporales. Cuando la mente decide, se colapsa una posibilidad. Voy a ponerte un ejemplo que te lo va a mostrar meridianamente claro. Hay una película que se titula *Solace*, cuyo protagonista es un actor que te gusta mucho, Anthony Hopkins. Él es un psíquico, y ve el pasado y el futuro de una persona en el instante presente. A lo largo de toda la trama él ve lo que va a suceder con antelación, y muchas veces toma decisiones para evitar males mayores, o para elegir lo más acertado y beneficioso para todos. Como te decía, esta es la cuestión. Cada instante de tu vida contiene muchas opciones. Hay un «hilo conductor» que es consecuencia de tus acciones pasadas, pero siempre se puede encontrar la mejor opción, la más amorosa, por así decirlo.

Nota aclaratoria para el lector

Los personajes de estas tres historias han existido, pero las vicisitudes por las que pasan son mera ficción. El contexto histórico ha sido cuidado para que el lector tenga una idea lo más precisa posible de la narración.

Enric Corbera

TERCERA PARTE

LOS TRES VIAJES
DEL ALMA

El camino hacia el no-dualismo puro

«Cuando las cosas anheladas ya no se desean, llegan.
Cuando las cosas temidas ya no se temen, se alejan.»

Lao-Tse

Introducción

La serpiente que se muerde la cola

La serpiente que se muerde la cola se usa como representación de la unidad de todas las cosas, las materiales y las espirituales, que nunca desaparecen, sino que cambian de forma en un ciclo eterno de destrucción y nueva creación. También es un símbolo de purificación que representa los ciclos eternos de vida y muerte.

Este apartado del libro trata de los últimos viajes del alma. De la vuelta a casa, que es un viaje sin distancia. La distancia solo está en la conciencia que se siente separada. Es un viaje circular: salimos de casa —la Consciencia de Unidad— y regresamos a ella tras un viaje en el mundo —la Conciencia dual— con el conocimiento y la experiencia de que todo es ilusión o maya.

Mis libros están totalmente influidos por la conciencia no-dual que se expresa en *Un curso de milagros*. Se trata de un libro para occidentales buscadores de una comprensión mística de la espiritualidad. Oriente ya la tiene desde tiempos inmemoriales, y su nacimiento está vinculado con el hinduismo (1.500 a 800 a. C.), que a su vez influyó en el taoísmo (600 a. C.) y el budismo (300 a. C.).

Etapas para llegar a la Consciencia de Unidad, al no-dualismo

1.- El dualismo

Las cosas parecen estar fuera de uno mismo. Aquí surge la conciencia, que es el reflejo de la Consciencia —Consciencia de Unidad—, que se proyecta constantemente en el mundo ordinario. La conciencia surge en la primera división de la mente después de la separación, convirtiendo a la mente en un instrumento perceptor. Como ya se ha dicho, la mente percibe de instante en instante y crea su línea de tiempo. Si no hubiera movimiento, no percibiríamos el tiempo; al haber movimiento, se manifiesta el espacio. Por eso se llama la percepción espacio/temporal. Ambos, espacio y tiempo, están intrínsecamente unidos. No puede haber espacio sin tiempo, y a la inversa.

La capacidad de percibir hizo posible la creación del cuerpo, ya que tienes que percibir algo y percibirlo con algo. La separación te hace creer que los pensamientos no pueden ejercer ninguna influencia real, y que solo eres responsable de lo que haces y no de lo que piensas.

2.- Semi-dualismo

La mente empieza a aceptar que la idea de separación podría no ser cierta, que lo que percibo habla más de mí mismo que del otro. Se intuye que todo está relacionado. Empiezan a surgir preguntas existenciales. Uno sigue pensando que hay que hacer cosas. Lo bueno y lo malo se perciben como aspectos separados, no como complementarios. No se tiene asumida la importancia de los pensamientos como artífices de lo que nos ocurre. Se empieza a aceptar que puede haber una Inteligencia Universal que, de alguna forma, nos cuida. Seguimos percibiendo que estamos separados de ella.

3.- El no-dualismo

La separación no es real. Todo se complementa, puesto que ya no hay opuestos. Una categoría no puede existir sin su complementario, tal como lo femenino no existe sin lo masculino. Uno empieza a pensar como causa y no como efecto. Se toma plena conciencia del poder del pensamiento. No hay pensamientos fútiles. Todo pensamiento produce forma en algún nivel. Ahora ya no eres el sueño, sino el soñador. Solo hay unicidad.

4.- El no-dualismo puro

Se reconoce a Dios —Consciencia o Inteligencia Universal— como Fuente y como única realidad. Se comprende que las identidades son efímeras, vehículos de experimentación en el mundo dual. Se renuncia a cualquier identidad personal. Se vive plenamente en el sendero del medio evitando cualquier juicio, pues juzgar nos saca del mundo real y nos aboca al de la ilusión.

Las historias

Las tres historias que se narrarán en este apartado están ubicadas en una zona de Asia central que en la actualidad se conoce como Uzbekistán. En ellas se verá y se expresará la conciencia advaita, la filosofía que surge en India y se extiende hacia Asia central, Irán, Irak y Turquía. Se centran en la ruta de la seda, la vía legendaria por la que durante siglos transitaron caravanas que llevaban y traían productos de Oriente a Occidente. Además, fue un corredor por el que se transmitieron ideas, conocimientos, y también los fundamentos del budismo y el islamismo.

La ruta de la seda fue una red de rutas comerciales que desde el siglo I A. C. se organizaron a partir del negocio de la seda china. Se extendían por todo el continente asiático, conectando China con Mongolia, el subcontinente indio, Persia, Arabia, Siria, Turquía, Europa y África.

Las ciudades donde se desarrollarán las tres historias son, por este orden, Khiva (Jiva), Bujará y Samarcanda. De esta última ciudad se decía: «Todos los caminos llevan a Samarcanda». Samarcanda era la encrucijada hacia Europa y hacia India.

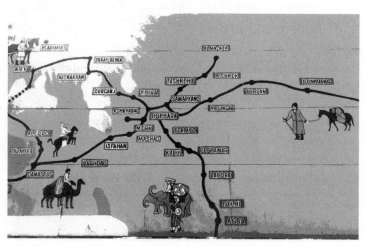

Las tres historias hacen referencia a una visón nodual. Sus personajes expresan y viven con esta conciencia. Tienen el conocimiento de que solo puedes tener lo que estás dispuesto a dar, y que el daño que haces a los demás te lo haces a ti mismo. Saben que dar para obtener es una falacia, que todo está interconectado y relacionado. Saben que siempre estás en el lugar que te corresponde, y que los personajes que conforman tu vida están haciendo el papel que les corresponde.

La filosofía advaita enseña que en el universo solo hay una realidad, y que todo lo demás es ilusorio. La forma, como maya nos engaña con respecto a nosotros mismos. Creemos que somos nuestros cuerpos, nuestros pensamientos, nuestros deseos, y así sucesivamente.

Esta filosofía está en la base de todos los caminos que llevan hasta el final de la búsqueda: el vedanta, el zen, el sufismo, el taoísmo, el tantrismo, los místicos cristianos, etc.

Las tres historias se desplegarán dentro de una conciencia de no-dualidad sufí. El sufismo es un camino espiritual: la dimensión mística e iniciática de la religión islámica. El sufismo también se ha definido como un «sabor», lo que significa que es un camino de experiencia. Está muy lejos del fanatismo, de la rigidez o de la imposición.

Rumi (1207-1273) fue un maestro que desarrolló el sufismo y fundó monasterios de los monjes derviches. Fue un erudito islámico, teólogo, místico y poeta, y ha tenido una gran influencia en diversas etnias: iraníes, turcos, griegos y musulmanes de Asia central y del sur. Actualmente, tanto musulmanes como no musulmanes estudian su obra, que transmite un mensaje de paz, belleza y amor. Así, la perspectiva sufí acepta la unidad de todas las religiones y caminos espirituales. Rumi nos dejó perlas de sabiduría como estas:

«Dejad de ser tan pequeños, sois el universo en movimiento extático.»

«Recuerda que la puerta de entrada al santuario está dentro de ti.»

«Pon tus pensamientos a dormir, no dejes que arrojen una sombra sobre la luna de tu corazón.»

«No eres una gota en el océano, sino el océano dentro de una gota.»

«Ayer era inteligente, por lo que quería cambiar el mundo. Hoy soy sabio, por lo que quiero cambiarme a mí mismo.»

«Estos dolores que sientes son mensajeros. Escúchalos.»

«Lo que buscas te está buscando a ti.»

Un espacio para la reflexión:

Nuestras decisiones ya están tomadas antes de que seamos conscientes de ellas. Así nos lo ha demostrado la ciencia mediante una serie de experimentos en los que se hacían escáneres a unos voluntarios que tenían que tomar decisiones muy sencillas. Se pudo observar que, unos segundos antes de que los voluntarios tomaran la decisión, se podía predecir cuál iba a ser.

Este libro pretende hacer que tomes conciencia de que hay que desarrollar la quietud mental y la paz interior para poder observar no la decisión que vas a tomar, sino las posibles opciones que se te presentan en cada instante de tu vida. De esta manera desarrollaremos el auténtico potencial para el libre albedrío, evitando la repetición de hechos y circunstancias que creemos que aparecen por casualidad en nuestras vidas.

****

Nota del autor

Como ya se ha dicho, y a modo de recordatorio, los tres personajes han existido y me han inspirado las historias que se van a narrar. Todas ellas son ficticias. He procurado ser fiel al contexto histórico y pido disculpas si hay algún error en él. Cuando tuve la inspiración para escribir el libro, sentí que tenía que hacer un viaje a Asia central. Quería ir a Irán, pero resultaba complicado dadas las circunstancias políticas actuales, y me di cuenta de que Samarcanda también me atraía mucho. En las tres ciudades más representativas de Uzbekistán me encontré con los tres personajes sobre los que previamente pensaba escribir. En este viaje tomé consciencia de hasta qué punto los caminos, las sendas, los hilos conductores de nuestras vidas están prestos «para ser hollados» por nuestras mentes, y así crear lo que llamamos nuestra realidad.

Espero y deseo que lo disfruten.

Enric Corbera

Primera vida: EL LUCHADOR

Breve contexto histórico

La ciudad donde va a vivir este personaje se llama Khiva (Jiva). La historia de Khiva se remonta muchos siglos atrás. Nadie sabe exactamente cuándo surgió esta ciudad, pero las leyendas cuentan que fue fundada por Shem, el hijo mayor de Noé, que cavó los pozos de Keivah y de ellos surgió agua sabrosa y fresca. De ahí viene el nombre de la ciudad. Por cierto, estos antiguos pozos todavía existen en Itchan Kala (la ciudad interior) en nuestros días.

A lo largo de su historia, hasta 1598, Khiva era una pequeña ciudad en el desierto que se encontraba en el camino de las caravanas que cruzaban Khorezm. Durante el siglo IV, esta ciudad fue el corazón del antiguo reino de Khorezm. En el año 712 la ciudad cayó bajo el dominio árabe, y posteriormente, desde el año 1221, en manos mongolas. Finalmente fue conquistada por los uzbekos en 1512, y después llegaron los rusos en 1873. Desde 1991 Uzbekistán es un país independiente. Actualmente podemos disfrutar la belleza de los monumentos de este país gracias a que la política de la antigua Unión Soviética se encargó de reconstruirlos.

Durante su devenir histórico, la ciudad fue destruida por diversos invasores: Alejandro Magno, los árabes liderados por Qutayba ibn Muslim, los mongoles de Gengis Kan, Amir Timur y muchos otros que transitaron por estas tierras.

En el siglo X, Khiva se menciona como un importante centro comercial en la ruta de la seda. Todas las caravanas se detenían aquí de camino hacia China y en el regreso. Desde el amanecer hasta el anochecer, un flujo interminable de cadenas de camellos permanecían a la espera hasta que se abrían sus puertas.

La mayor parte de la ciudad de Khiva es similar a un museo al aire libre. En el núcleo de este museo —el castillo de Itchan Kala— se encuentran todas las obras maestras arquitectónicas de la ciudad. Maravillosos alminares, callejones curvos pavimentados con piedras que conducen a una madraza con un mosaico de encaje en medio de las antiguas murallas. La ciudad parece surgida de un cuento oriental. Desde 1990 está incluida en la lista del Patrimonio Mundial de la UNESCO.

Khiva-19
E.Corbera

****

Estamos en el s XIII, en el camino que va de Samarcanda a Khiva. El paisaje es inhóspito y desértico. Por él transitan las múltiples caravanas de la mítica ruta de la seda, y en una de ellas va una familia de comerciantes dispuestos a instalarse en la maravillosa ciudad de Khiva. Los comerciantes tienen un niño de tres años llamado Mahmud. Esta ciudad es el último bastión para descansar y recuperar fuerzas antes de adentrase en el desierto en dirección a Persia (Irán).

Hacía unos días que la caravana había entrado en tierras de Asia central cuando fue asolada por una tormenta de arena. La caravana se dispersó, y muchos de sus miembros, que eran comerciantes, desaparecieron o se perdieron. Los que lograron sobrevivir a tamaña tormenta, empezaron a recomponerse, a recoger sus enseres y a buscar a los supervivientes de aquel desastre. Una familia de comerciantes oyó llorar a un niño: nuestro protagonista, el pequeño Mahmud. Vieron que sus padres habían muerto. Su madre, al cubrirlo con su cuerpo, había evitado que pereciera ahogado por la arena.

La caravana, o mejor dicho, lo que había quedado de ella, continuó a duras penas el camino hacia Khiva. A los pocos días divisaron a lo lejos las magníficas murallas de la ciudad; las entradas están flanqueadas por dos torres circulares. Los edificios de Khiva son de adobe: piezas hechas de una masa de barro (arcilla y arena) mezclado a veces con paja, moldeada en forma de ladrillo y secada al sol.

Las callejuelas de Khiva estaban llenas de mercaderes que vendían todo tipo de enseres y alimentos, lo que permitía abastecerse a los que llegaban, y sobre todo a los que seguían camino. Sus calles hervían con gente de todas las etnias. Era un oasis gracias al agua fresa y clara que manaba de un pozo. Parecía un milagro que pudiera salir un agua tan fresca y clara en medio de aquel infierno.

La ciudad creció y se hizo grande alrededor de este manantial de vida. Los viajeros y los camelleros podían recuperar fuerzas, sanar sus heridas y descansar. Muchos esperaban otra caravana para continuar viaje a Persia (Irán). La familia que recogió al pequeño Mahmud quería proseguir el viaje, pero no estaban dispuestos a llevarse al niño. Eran personas mayores, tenían sus proyectos, y el niño era un estorbo y una responsabilidad que no querían asumir.

Lo dejaron a cargo de una familia que recogía a huérfanos, niños abandonados como consecuencia de los asaltos a las caravanas de bandidos y saqueadores, que siempre estaban prestos a la menor oportunidad. Esta familia empleaba a los niños para mendigar; les hacían pedir limosna a cambio de darles cobijo y comida. Deambulaban por las calles de la ciudad prestando pequeños servicios, como llevar paquetes, ofrecer agua y todo tipo de encargos a cambio de algunas monedas que luego entregaban al orfanato. La única enseñanza que recibían era la que encontraban en la calle.

Mahmud era un niño muy grande y fuerte para su edad. Tenía una gran cualidad: era un magnífico observador. Aprendía de todos aquellos que pasaban por la ciudad. Le gustaba escuchar relatos junto a otras gentes que se arremolinaban alrededor del orador. Siempre estaba presto a preguntar, a saber, estaba ávido de conocimiento. Ayudaba a las gentes llevándoles paquetes y encargos, y nunca robó. Todos le conocían por su amabilidad, su presteza y su inteligencia.

Un mercader peletero que tenía su negocio en Khiva se dio cuenta de que este chaval era listo e inteligente, y lo apadrinó. Lo puso a su cargo, le enseñó el oficio y lo animó a estudiar en la madraza.

Para ganarse unas monedas, luchaba en las calles. Llevaba tiempo observando cómo lo hacían los luchadores más mayores. Aprendió sus técnicas y movimientos desde muy pequeño. Creció fuerte y sano. Participó en numerosos combates de lucha libre —en unos torneos llamados *kurash*— hasta que llegó a convertirse en un luchador conocido.

Con el dinero que ganaba empezó a ayudar a los pobres. Había algo que le entristecía mucho: los esclavos que venían en las caravanas y eran vendidos en las plazas por los mercaderes.

Se hizo una promesa a sí mismo: «Todo el dinero que gane en las luchas servirá para liberar a estas gentes esclavizadas».

Mahmud era muy querido y en sus combates siempre le asistía su mejor amigo, Karim. Ambos mantenían conversaciones sobre el destino y sobre cómo les habían marcado las experiencias vividas.

Viendo su fuerza y su inteligencia, Karim reflexionaba con frecuencia sobre Mahmud, y muchas veces ello era motivo de conversación.

—Tú has sido elegido por el Altísimo, querido Mahmud. Tu fuerza no tiene parangón, solo tu corazón está por encima de ella.

—Querido Karim, el destino de cada cual ya está escrito antes de nacer. No me preguntes cómo lo sé, simplemente lo vivo.

—Entonces, ¿no podemos modificarlo? —pregunta Karim.

—Por supuesto que sí. Aquí reside la gracia del asunto. Las circunstancias son las que son y las que nuestra alma ha elegido; el cómo, cuándo y de qué manera es responsabilidad de cada uno. Algunos lo viven con maestría y otros como víctimas. Tomando tus decisiones conformas y sellas tu destino dentro de un destino mayor.

Mahmud continúa:

—Es bueno encontrar dificultades en la juventud, porque el que no ha sufrido jamás, no ha templado plenamente su carácter.

»Nacimos de madres que nos querían y la vida nos las arrebató. No debemos vivirlo como algo injusto, sino más bien como una experiencia que nuestras almas decidieron. Las dificultades de la vida muestran la predisposición de las almas.

»Ante las adversidades solo caben dos opciones. Son dos caminos contrapuestos y la elección depende de cada uno. No hay excusas: o sirves a los demás o te sirves de los demás. Nosotros, querido Karim, hemos decidido servir, no como esclavos, sino como hombres libres que ayudan a otros a luchar y a defender su libertad. Ponemos nuestros dones y habilidades al servicio. Nuestras ganancias nos permiten vivir con dignidad y ofrecemos dignidad.

—¿Hemos de servir a todos y a cada uno? —pregunta Karim.

—Hay que desarrollar el discernimiento, porque hay muchos que se sirven, se aprovechan, de personas que tienen el corazón abierto y están prestas a ayudar a los demás. Aquí reside la gran sabiduría: saber tender la mano a quienes harán buen uso de ella.

—Mira mi caso, Karim. Yo fui recogido por un peletero que me enseñó su oficio, se convirtió en mi tutor y me llevó a una madraza, donde aprendí a leer y a estudiar *El Corán*. Doy trabajo y enseño a muchachos de la calle, tal como fuimos tú y yo. Por si fuera poco, la vida me ha regalado un amigo como tú.

—Mahmud, supongo que eres plenamente consciente de que no has perdido ninguna pelea, y de que tu fama ya ha llegado más allá de las murallas de Khiva.

—Mira Karim, yo solo vivo el presente. Cada combate es una ofrenda al Altísimo, mi fuerza procede de él. Es una energía canalizada para dar vida y libertad a las gentes que sufren. Lo que hagan con esa vida y libertad pertenece a su destino. Dar oportunidades es uno de los mayores regalos que puedes ofrecer a todo aquel que te encuentras en tu camino de vida. Hay que tratar a los demás como a ti mismo.

—Sí, muy bien Mahmud, pero siempre hay quien se aprovecha y solo piensa en sí mismo y en su mayor beneficio —replica Karim.

—Como ya te he dicho, es muy importante discernir y saber a quién das la mano. Ahora bien, al final, todo tiene una razón de ser. Lo que importa es con cuánto corazón haces las cosas. Muchos están atrapados por la codicia, creyendo que sus actos no van a volver a ellos. Si vivimos esta experiencia de engaño, debemos aceptarla y entregarla a la Sabiduría Universal.

****

Sobre Mahmud

Mahmud se fue convirtiendo en filósofo y poeta. Vivía del negocio de peletería que había heredado. No creía en las religiones; él profesaba la filosofía sufí. Como sufí, debía tener un oficio, por lo que continuó con la profesión de sus maestros: era fabricante de vestidos y sombreros de piel. Perteneció a la orden de Khilvati, que preconizaba el celibato, y no se casó. Su orden, como tantas otras, iniciaba a sus miembros en el camino de la pureza de corazón. Los sufís piensan que el sufismo puede practicarse en cualquier religión. Se trata de un camino místico nacido en el seno del Islam.

Mahmud vivía bajo el precepto sufí de buscar la Verdad:

«A quienes tienen apego a este mundo les está vedado el otro mundo; a los del otro mundo les está vedado este mundo. Ambos mundos le están vedados al sufí.»

Orden Sufí Nematollahi (Nematollahi.org)

Mahmud vive en el aquí y en el ahora. No le preocupa el mañana, pues el mañana pertenece a la esfera del Conocimiento Supremo. Vive con una mente limpia, un corazón puro y un alma entregada al destino que ella misma eligió. Cada instante es un milagro de creación del instante siguiente.

Shebli expresa esta misma idea cuando dice: «Quien muere con amor a este mundo, es un hipócrita. Quien muere con anhelo del Paraíso es un asceta. Pero quien muere enamorado de la Verdad, es un sufí».

El sufismo es una escuela para aprender un modo ético de comportarse. No se ocupa del razonamiento ni de la lógica, sino de la iluminación interior, que incluye el desvelamiento (*kashf*) y la contemplación divina (*shohud*).

****

Mahmud se encuentra en una de las plazas de Khiva dando sus enseñanzas a todo aquel que quiera oírlas. Hoy habla de la percepción:

«Todo lo que los sabios han dicho con respecto a la Realidad es cierto, pero insuficiente. El sufí afirma que el filósofo ve la Perfección Absoluta a través de la ventana de la percepción limitada, con ojo sabio pero parcial, y aquello que percibe no es más que una minúscula parte del Absoluto, y por todos es bien sabido que una parte no puede sustituir al todo.»

Orden Sufí Nematollahi (Nematollahi.org)

Luego hace referencia al gran maestro Rumi, explicando uno de los cuentos favoritos que se encuentra en su obra *El Masnavi,* para matizar y complementar la enseñanza.

—Un cuidador de elefantes llevó un ejemplar para exhibirlo en un pequeño pueblo cuyas gentes nunca habían visto un animal de su especie. Como era de noche, dejó al animal en el establo. En la oscuridad, un grupo de curiosos que no podían esperar a que amaneciera fue al establo para contemplarlo. No veían nada y el único medio de percibirlo era el tacto. Empezaron a palparlo, y cada uno lo definía según su percepción. Cada uno imaginó al animal según la parte que había tocado, y nadie podía hacerse una idea del animal completo. Cuando les preguntaron por su forma, todo lo que dijeron de él era falso. Y, sin embargo, la percepción parcial de cada cual era en sí verdadera.

Después de detenerse a reflexionar, Mahmud prosiguió:

—Debemos tener mucho cuidado con lo que decimos de cualquier persona. Es muy posible que lo que has visto, lo que has percibido, sea verdad, pero nunca podrás saber toda la verdad de lo que percibes y del suceso en cuestión. Cuídate de hacer cualquier juicio, por leve o simple que sea, pues todo lo que piensas y dices de alguien o de algo sencillamente no es verdad. No conocemos la causa primera de por qué suceden las cosas. Vive sin juicios, con humildad. Cuida tus palabras, pues ellas marcarán tu destino, y muchas veces te preguntarás por qué me ocurre lo que me ocurre.

Y continúa con otra reflexión:

—La observación y la percepción son dos cosas separadas; el ojo que observa es más fuerte, el ojo que percibe es más débil.

»Quizá solo percibamos las cosas cuando llega el momento de verlas. En la medida en que somos conscientes de que no vemos, abrimos nuestra mente a otras posibilidades. Cuando aceptas que lo que ves no es verdad ni mentira, todo puede ocurrir.

El ojo que observa está sustentado por una mente que no juzga, que sabe que no sabe, de ahí su observación. Ello le permite ver la verdad de cada situación.

El ojo que percibe está atrapado por sus interpretaciones, y estas por las creencias. Es un ojo ciego que no puede ver la verdad.

Nuestro héroe, Mahmud, que era un ser bondadoso, ponía toda su pasión en lo que hacía, y siempre decía:

—Hay que amar todo lo que la vida te pone por delante. Entrego aquello que mejor sé hacer a la energía que lo une y lo sustenta todo.

Un día se le acercó corriendo su amigo Karim.

—¡Mahmud!, ¡Mahmud!, el rey mongol de Samarcanda ha recibido noticias de tus hazañas como luchador y quiere conocerte. Te ha puesto el apodo de Pahlavan (fortaleza y corazón bravo) porque no conoces la derrota y por lo valiente que eres. Quiere que vayas allí. Piensa organizar un encuentro con los mejores luchadores de la ruta de la seda. Vendrán de todas las ciudades más importantes desde India a Turquía.

Mahmud y su amigo Karim preparan su marcha, que será larga. Mahmud deja el negocio de peletería a su encargado, Labîb, que a lo largo de estos años ha demostrado lealtad y honradez.

—Querido Labîb, te dejo al cuidado de todas mis pertenencias. Dispongo que, si no regreso por la causa que fuere, gestiones las ganancias para cuidar a los enfermos y liberar a los esclavos.

Emprendieron el viaje a Samarcanda, donde el rey mongol se había aposentado durante algún tiempo. El imperio mongol estaba en pleno auge, y los diversos khanes controlaban China, Asia Central, Persia y parte de Rusia, llegando hasta las fronteras de Turquía y de la actual Siria. Mahmud había luchado en diversos países como Irán, Pakistán e India, y siempre había salido victorioso de todas sus contiendas.

Después de varias semanas, llegaron a la magnífica ciudad de Samarcanda, una encrucijada clave en la ruta de la seda. Sus calles hervían de gentes de todas partes, de Oriente y Occidente. Entonces se decía que todos los caminos pasaban por Samarcanda. Sus palacios y monumentos arquitectónicos son de una belleza extrema, abruman con su dimensión monumental. Lo que no ocurre en esta ciudad, no ocurre en ninguna parte.

Mahmud, junto a su amigo Karim, fueron recibidos a los pocos días de llegar a la ciudad. Se presentaron ante el gran Khan, que estaba sentado en su trono, se arrodillaron ante él y no se levantaron hasta que este se lo ordenó. Sus miradas estaban fijas en el suelo. No podían mirar al rey hasta que él lo permitiera. Estuvieron así hasta que el rey les dijo:

—Sed bienvenidos. Mahmud, tus hazañas han llegado hasta mis oídos. He organizado este combate para poder disfrutar de tu coraje, destreza y maestría.

Mirándole a los ojos, Mahmud le dijo:

—Es un honor ser recibido por su majestad. Será un regalo poder combatir con los mejores luchadores del imperio.

—Me han dicho que también eres filósofo y poeta, que predicas la humildad y aprender a vivir sin opulencia alguna. Quiero que sepas que el ganador se llevará mil piezas de oro. ¿Qué piensas de esto, Pahlavan?

Mahmud reflexionó unos instantes antes de contestar:

—No lucho para ganar, pues la victoria ya está en el corazón de cada uno cuando está dispuesto a dar lo mejor de sí mismo en cada uno de sus actos. La victoria es consecuencia de una mente que no desea. Esta es la gran victoria, estar libre de deseos. Las ganancias que obtengo no son para mí, yo ya tengo todo lo que necesito. Agradezco la oportunidad que me ofreces, gran Khan, y puedo asegurarte que daré lo mejor de mí mismo para honrarte.

La fiesta comenzó al día siguiente. Todos los luchadores estaban prestos a dar lo mejor de sí mismos e intentar llevarse el valioso premio.

Pahlavan Mahmud fue ganando todos los combates, aparentemente con gran facilidad. El rey estaba entusiasmado hasta tal punto que aceptó todas las apuestas que daban como ganador a Mahmud.

Entonces llegó el día del último combate. El luchador que tenía que enfrentarse con nuestro héroe también había ganado todos los combates. Era la gran final esperada por todos.

—¡Mahmud! —gritó Karim—, acabo de enterarme de que el luchador que combatirá contigo mañana está amenazado de muerte por su jefe si no gana.

—Explícate mejor —le encomió Mahmud.

—El gran Khan ha hecho una gran apuesta contra el khan que es dueño y señor del luchador con el que te vas a enfrentar. Este ha amenazado de muerte a su luchador si no te gana. Lo que me preocupa es la apuesta que el gran Khan ha hecho por ti.

Se hizo el silencio. Con una señal Mahmud indicó a su amigo Karim que le dejara solo. Nuestro héroe asumió una actitud meditativa, estaba en un profundo silencio mental. Transcurrido algún tiempo, abrió los ojos, llamó a Karim y le dijo:

—La decisión está tomada.

Karim no se atrevió a abrir la boca. Sentía que iba a ocurrir algo muy importante que cambiaría sus vidas.

****

Llegó el día del combate final y Mahmud no ganó. El gran Khan desató su ira y mandó llamarlo a su presencia.

—¡¡Me has fallado, Mahmud!! —dijo gritándole—. Me has dejado en ridículo. Por tu causa he perdido mi honor y, por si fuera poco, una cantidad importante de dinero. Desde hoy te prohíbo que vuelvas a luchar bajo pena de muerte. ¡¡Aléjate!!

Nuestro héroe se alejó del palacio con semblante sereno y caminar tranquilo. Sabía que todo estaba bien, que las circunstancias de la vida ponen a prueba el corazón y el alma de cada uno. Karim, que caminaba a su lado con rostro apenado, al final se atrevió a preguntarle:

—Querido amigo y maestro, querido Mahmud, tengo la impresión, y corrígeme si no estoy en lo cierto, de que te has dejado ganar al saber que, si vencías a tu contrincante, iba a morir asesinado. ¿Es así?

Mahmud, con una sonrisa en la cara, mira a su amigo y asiente con la cabeza.

—¡Dime algo más! —le apremia Karim.

—Querido Karim, la victoria es lo de menos. Los deseos y los honores son cosas mundanas. Lo único importante es lo que siento en mi corazón. La mirada del que fue mi oponente ha sido el mayor regalo que la vida me ha ofrecido. Él sabía que me había dejado ganar, lo sentía en su corazón. Por eso, cuando me levanté, él me hizo una reverencia que muy pocos llegaron a entender. Este es el tesoro que me llevaré a la otra vida.

—Pero Mahmud, ya no podrás luchar más y no podrás ayudar a los pobres y a los esclavos. Esto era tu vida, querido amigo.

—Todo tiene su tiempo y su final, y este ha llegado. El Altísimo nos indicará el camino del servicio.

Mahmud continuó con el negocio de la peletería. También escribió varias obras y dio sus enseñanzas sobre la conciencia de la unidad a todo aquel que se acercaba a escucharle. Liberó a muchos de su esclavitud, no tanto física, sino mental y espiritual, que es donde se encuentran las auténticas cadenas: los apegos y deseos.

Murió a los 79 años de edad en su casa y en su cama, con humildad y entereza. Su vida había sido entregada al mundo limpiamente. Él había sido quien quería ser en todo momento, sabiendo que hay algo que está por encima de todas las cabezas.

Pahlavam Mahmud fue respetado no solo en Khiva, sino también en Irán e India, como protector de luchadores y poetas, y como sabio de la medicina. Era bravo como un león y tenía un gran corazón. Se le llama el santo de Khiva, donde se construyó un mausoleo en su honor.

Segunda vida: EL SANTO

Breve contexto histórico

La historia transcurre en la ciudad santa de Bujará en el siglo XIV. Esta ciudad es el centro del sufismo, que surgió en el siglo VIII y floreció en el siglo XIV. La ciudad, que tiene 2.600 años de antigüedad, está enclavada en Uzbekistán en medio de la ruta de la seda, entre Khiva y Samarcanda.

De esta ciudad cabe destacar el minarete de 45 metros de altura, que era como un faro en el desierto. Fue lo único que Gengis Khan respetó cuando entró en la ciudad. Tiene una gran fortaleza, llamada Ark, que salvaguardó la ciudad desde el siglo V hasta 1920, año en que el ejército rojo bombardeó la ciudad.

Bujará albergaba el mayor bazar de Asia central. Acogía a más de 30.000 alumnos que estudiaban en las madrazas, siendo las tres más importantes las construidas por el nieto de Amir Timur, Tamerlán, que destacan por su armonía y sencillez de formas. En la ciudad hay muchos artistas y miniaturistas que trabajan sus obras en papel de seda. Algunas de ellas puede llevar meses terminarlas. Cabe destacar el mausoleo de uno de los sufís más importantes que ha existido —un personaje en el que me he inspirado— al que las gentes tienen gran devoción, Baha-al-Din Naqshband. En esta historia voy a llamarlo Bakhari.

Bujara-2018
E. Corbera

****

Nuestro héroe, Bakhari, nació en el siglo XIV en un pueblo llamado Qasri Orifon, que significa «el pueblo que conocía la verdad de Dios». De familia humilde y muy religiosa, desde muy temprana edad se sintió atraído por todo lo religioso y místico. Muchas veces —ya a la edad de 5 años—, cuando no estaba jugando con sus amigos, todos sabían que podrían encontrarlo en la mezquita del pueblo. Una de las cualidades que destacan en él era su gran afición a dibujar y pintar. Los dibujos que más le atraían eran los del paraíso, representado por el árbol de la *granada* y el ave del paraíso o *puput*, señal de sabiduría y símbolo del sufismo.

Desde muy pequeño, cuando se le preguntaba qué quería ser de mayor, él siempre decía que quería vivir una vida entregada al Altísimo. No hablaba de Alá ni de su profeta, Mahoma; se sentía atraído por la inteligencia universal que da vida a todo. Tenía muy claro que las religiones separaban a los hombres y los llevaban a enfrentarse. Esta Divinidad era innombrable, pues las palabras son hijas de la dualidad y dan los frutos de la separación. Proponía que cada ser humano pudiera elegir su camino hasta fundirse en esta Sabiduría, sabiendo que la auténtica disciplina está en la mente y en el corazón.

A Bakhari no le atraían las rutinas religiosas porque sentía que estaban vacías y que convertían la creencia en la divinidad en algo monótono.

—No hay que santificar un día concreto ni realizar prácticas supuestamente religiosas. La vida debe ser la práctica; y el santuario, el mundo.

El único templo está en el corazón de cada ser humano. Hay que mantener la mente limpia de la suciedad mental causada por nuestros juicios constantes. Hemos de desarrollar la templanza y la comprensión de que Todo está unido.

Para Bakhari la lealtad era un valor inestimable. Decía que la persona que alberga la lealtad en su corazón y que la desarrolla, con un corazón puro y una mente libre de todo mal, caminará por el mundo sin otra preocupación que la de ser honesta consigo misma. Una persona es leal con los demás porque es leal consigo misma. Esta es la coherencia que sostiene la salud física y mental. Es imposible desear el mal a nadie cuando se es leal a los principios y a las personas. Decía:

«La lealtad se lleva consigo, y marca un camino que nunca se olvida, para bien o para mal».

Para el sufismo, la lealtad es vivir el Islam con nobleza e intensidad, hasta llegar a la sabiduría y la paz absolutas. Esta es la emoción del musulmán en el Islam. Es la tradición en la que cada gesto tiene un significado abismal. El sufismo es reconciliación con la vida y con el Creador de la vida. Es subordinación total al Señor de la vida, fluyendo en paz con su Voluntad hacedora de cada instante.

Bakhari no estaba en absoluto de acuerdo con los derviches porque creía que no se debe pedir limosna, aunque sea para entregársela a otros pobres. El nombre derviche designa al religioso mendicante, y también se usa para referirse a un temperamento imperturbable o ascético; es decir, para una actitud de indiferencia hacia los bienes materiales. La búsqueda del estado hipnótico de las danzas giratorias está asociada con la orden Mevleví de Turquía, y se utiliza para alcanzar el éxtasis religioso (*majdhb, fana*). Esta orden fue fundada por los discípulos de Rumi en el siglo XIII. El centro de la orden está en Konya (Turquía).

****

Un día, Bakhari tuvo una revelación en forma de sueño. Se encontraba frente a un gran profeta, que le dijo:
—Debes conocer el auténtico significado de la pobreza de espíritu. La *«pobreza de espíritu»* no implica pobreza material. Y para aclarar mejor este concepto, «el faquir (mendigo místico) no es el que está exento de provisiones, sino el que está exento de deseos. La pobreza

consiste en vaciar el corazón de cuestiones. La pobreza es un mar de problemas, pero sus problemas son todos gloria».

—Entonces, ¿qué es la pobreza? —pregunta Bakhari.

—La pobreza es el miedo a la pobreza. Es creer en los problemas, en la necesidad de hacer. Es sentirte separado de la Fuente.

—¿Hay que ayudar a los pobres?

—A salir de su pobreza mediante la comprensión de que solo existe la abundancia. Ser pobre en cuanto a lo material no sirve a nadie, ni sirve para nada.

—Entonces, ¿cómo hay que vivir?

—El corazón en Alá y las manos para trabajar. Hay que estudiar, trabajar, y si tienes tiempo libre, meditar y rezar.

—¿No es importante meditar y rezar?

—Es lo más importante, pero no hay que dedicarle tiempo. La meditación y la oración deben ser permanentes a lo largo de todo el día. No hay mayor disciplina que mantener la mente alerta, vigilando lo que en ella acontece, sin identificarse con ella, pues quedas atrapado en sus ardides. La oración es estar siempre presente aquí y ahora, saber que siempre estás frente a Dios (Alá). Es ver en el otro la única verdad, por muy malas que sean sus acciones.

—¿Hay que ir al templo? Sobre todo si creemos que Dios está en todas partes.

—Es una costumbre, su sentido está relacionado con tomarte un tiempo para estar contigo mismo creyendo que estás con Dios. Esto no es posible porque uno siempre está con Dios, aunque puedes sentirte alejado de Su Presencia. Tautológicamente, ir a un templo creyendo que Dios está allí es creer que tú no estás en Él, y esto, como te digo, es sencillamente imposible.

—¿Puedes decirme cuál es el significado de la peregrinación?

—En realidad no es ir a un lugar santo o sagrado, aunque tiene sentido buscar tiempo para estar contigo mismo en el mundo dual, donde la creencia en la separación se vive como muy real. Por eso colocamos lo santo y lo divino fuera de nosotros. Como la oración, la auténtica peregrinación es estar contigo mismo, en silencio, apartado de la inercia de todo lo que te rodea. La peregrinación es un viaje sin distancia.

—Entonces es un viaje de la mente.

—Exacto, así es. Puedes viajar con el cuerpo a otros lugares, a centros energéticos, esperando que te aporten algo. No hay nada fuera. Es tu mente la que te hace creer que lo está. Es un proceso que en primera instancia puede ser doloroso, pues implica un profundo cambio mental, una inversión del pensamiento, un cuestionarse a sí mismo. Liberarte de la culpa y del victimismo. ¡¡Esto es peregrinación!! No hay nada fuera que pueda salvarte ni hacerte feliz.

—Siento que debo de ir a la Meca.

—La Meca es un lugar como todos, y la mente de las multitudes lo ha convertido en un lugar sagrado. Si sientes que debes ir, por supuesto que tienes que ir, pero hazlo con una mente libre de expectativas, de razonamientos, libre del porqué y del para qué. Es un camino que te alejará de lo que crees que eres y te llevará a lo que realmente eres. El mundo dual es el mundo del «hacer», pero recuerda que lo importante es la mente.

Bakhari se despertó de súbito y decidió ir a la Meca. Sentía que tenía que cumplir un deseo que iba mucho más allá de conseguir un logro o de realizar un acto de fe.

Bakhari llego a ir tres veces, y en cada peregrinación sentía que su mente se rendía a los dictados de su alma. Esta le permitía acceder a la Consciencia y comprender cuáles eran los mayores miedos de la humanidad. Todos y cada uno de ellos están sustentados por la misma creencia: la separación.

En su mente creció la gran verdad de la absoluta unidad con el Todo:

«Cuando la semilla entiende todo lo que el árbol ha hecho por ella, desciende al suelo segura de su ulterior resurrección».[7]

Las gentes se acercaban a él. Su sola presencia hacía que muchos sanaran, pues las palabras de Bakhari abrían las mentes de quienes le escuchaban. Sus pláticas estaban llenas de sabiduría. Recordaba que cuando estuvo en la Meca, su mente se fundió con la oscuridad. El negro de

---

7. www.webislam.com.

la túnica que cubre la Kaaba alude a la sabiduría, pero también señala que la prueba iniciática por la que ha de pasar el peregrino es una aventura de fuego, un paseo por las llamas de la voluntad.

En todas las tradiciones espirituales se nos dice que hay que emplear el tiempo para caminar hacia lo eterno. Siempre les recordaba a las gentes que le escuchaban:

—Lo único que hay que sanar es la mente; los pensamientos y los sentimientos que albergamos en ella son la causa de nuestros males. Cuidad de vuestros cuerpos, pero, por encima de todo, procurad tener vuestra alma limpia de los miedos que os hacen vivir la vida de una forma miserable.

»Lo que pienses de los demás, tarde o temprano vuelve a ti.

»Amad lo que estáis haciendo. Tarde o temprano veréis cosas que antes no veías, aunque eso no quiere decir que antes no estuvieran.

»No os rodeéis de gentes que no crean en vosotros, pues esto también afecta a vuestra actitud. Todo resuena en el universo.

Y muchas veces les hablaba en metáforas:

—Érase una vez un rey que deseaba casarse con la mujer más hermosa. Como no la encontraba, empezó a hacer una escultura para representar a este ideal de mujer. Cuando la terminó, se enamoró de ella.

»Los dioses se conmovieron ante la pureza de un amor tan profundo, hasta el punto de que transmitieron un alma a la escultura y así se reveló una poderosa verdad: mereces la felicidad, esa felicidad que tú mismo has plasmado.

Y les recordó:

—Vosotros sois el escultor, pero además también sois la escultura.

La lección sobre los grandes miedos

Una de las revelaciones que tuvo en el sueño con el gran profeta se convirtió en el *leitmotiv* de todos sus discursos.

—Los miedos son tu propia creación y no basta con reconocer que tienes miedo para escaparte de él. Tienes que confrontarlo cara a cara, es un proceso para desvanecer el ego. El Espíritu de Dios te enseñará a interpretar los motivos de los demás. Te enseñará que el miedo es una petición de ayuda. Entonces, el Gran Espíritu lo reinterpretará, y verás que el ataque es una petición de amor.

»Recordad: Así como consideres a tu hermano, así te consideras a ti mismo frente al Altísimo.

«El miedo es un síntoma de tu profunda sensación de pérdida. Si al percibirlo en otros aprendes a subsanar esa sensación de pérdida, se elimina la causa básica del miedo» (T-12.I.9:1-2).

Y continuó con su plática:

—Para mayor comprensión de lo que os estoy diciendo, voy a contaros una historia que es muy común y recurrente en las personas. Es la primera semilla de males mayores, e incluso puede convertirse en causa de muerte.

»Era una mujer que se desvivía por los demás. No era consciente de su profundo miedo a todo, entre otras cosas a no gustar a los demás, a ser rechazada, a decepcionar a la gente y a no ser lo bastante buena. Por mucho que hiciera, nunca se sentía satisfecha.

»Cayó en uno de los mayores errores, por no decir en el error esencial que puede cometer todo ser humano, que consiste en el olvido de uno mismo.

Tras una reflexión, Bakhari continuó:

—Venimos al mundo conociendo nuestra magnificencia, que es erosionada en nuestra mente por los miedos que revolotean a nuestro alrededor y se van colando muy sutilmente. Los miedos nos enseñan cómo tenemos que comportarnos para no ser abandonados, y así crece en nosotros la semilla de la futura desesperación.

Y comenta:

—Nadie le enseñó a ser fiel a sí misma, ni a que no le importara comportarse de manera diferente de los demás. Esta señora hacía lo que hiciera falta para evitar que la gente pensara mal de ella. Así, viviendo para los demás, se perdió a sí misma. Recordad: si vives pensando solo en los demás, estás sembrando la semilla de la autodestrucción.

Y continuó con la historia:

—Estaba tan inmersa en determinadas expectativas culturales, intentando ser la persona que todo el mundo esperaba que fuera, que no sabía lo que era importante para ella. No era consciente de que con esta actitud pretendía manipular a los demás, pues esperaba que con sus acciones la gente se comportara como a ella le gustaba. Esto es totalmente imposible, pues siempre habrá alguien a quien no le gustes, alguien que esté en desacuerdo.

Y volvió a puntualizar:

—La segunda semilla de la autodestrucción es creer que puedes cambiar a los demás haciendo cosas que no quieres hacer y obligarte a ello, aunque esta decisión sea totalmente inconsciente.

Y continuó:

—Ella justificaba todos los desdenes de otras personas; sufría los malos tratos creyendo que así era buena. Aguantaba con espíritu de sacrificio todo tipo de vejaciones, creyéndose que ella era la víctima y no la responsable de todo lo que le acontecía.

Y Bakhari volvió a puntualizar por tercera vez:

—Recordad, la tercera semilla de la autodestrucción es justificar cualquier acción que los demás cometan hacia ti. Tu sacrificio se sustenta en la creencia de que, al hacerlo, estás haciendo el bien. La falta de respeto hacia uno mismo o una misma es falta de respeto hacia el otro. Si mantienes el papel de víctima, al cabo de un tiempo te conviertes en victimario y harás del otro la víctima, al permitir y justificar sus desmanes.

Prosigue:

—La mujer, sintiendo que llegaba el final de sus días, y después de luchar por todos los medios para sanarse, hizo lo más importante: rendirse. Dejó de luchar contra lo que creía que era algo exterior y tomó conciencia de que estaba luchando contra ella misma.

»Por fin comprendió que no tenía que perdonar a los demás, sino a sí misma. Tomó conciencia de que nunca se había valorado ni había visto la belleza de su propia alma. Su conciencia entró en el estado de Ser, un estado de conciencia pura, el estado que trasciende la dualidad, llamado Consciencia o Conciencia de Unidad.

»Y así llegó a una gran verdad: «Hay que trascender todas las creencias. Solo las necesitan las personas que no ven, y por ello creen. Cuando ves, no necesitas creer».

Terminada la plática, Bakhari hizo una recapitulación de su discurso:

—Los miedos básicos son:

»**Miedo a la soledad**. El ego siempre te hace creer que estás solo, y que por ello tienes que esforzarte en gustar y agradar a los demás. Es una forma de vender tu alma por un plato de lentejas. La soledad habla del alejamiento que tienes de ti mismo. **»Miedo a la escasez.** Nuestro ego sustenta la creencia en la separación. Si el otro tiene, tú no tienes. Los celos y la envidia, junto a la lujuria y la codicia, son los grandes alimentos de sus demonios. Son la causa de los mayores desmanes y guerras. **»Miedo a la enfermedad.** La creencia de que tu cuerpo está desconectado de tus emociones y de tu mente te lleva a pensar que tiene la capacidad de mostrar síntomas con los que tú no tienes nada que ver. **»Miedo a la muerte** como el final de todo. Tenéis que saber que la muerte es una transición. La manera de realizar esta transición está íntimamente relacionada con vuestra vibración, con vuestra conciencia. Os propongo una reflexión: llegará el día en que os preguntaréis, ¿es esta la vida que quería vivir?

Bakhari termina su discurso diciendo:

—El Espíritu desea que recuerdes que eres parte de una Totalidad. Tú siempre estás unido a la energía integradora de Dios, que se manifiesta en una llama interior que posees, una luz que debes expandir.

»Vivid siempre la gratitud en vuestros corazones y dejadla florecer en vuestras mentes. Cuando agradeces todo cuanto tienes en este momento y lo que llegará a ti, comienzas a percibir todas las cosas que Dios te ofrece cada día. Cuídate de lamentarte, porque estarás sembrando una cizaña que ahogará tu alegría y alimentará tus miedos.

»La enfermedad es un desequilibrio de tu estado de conciencia. Cuando empiezas a sentirte débil, está claro que has perdido tu fortaleza interior. Si comienzas a erradicar las autoinculpaciones, estarás alejándote de la cárcel del saboteo mental y te liberarás de sus ataduras. Reconcíliate con el pasado, perdona íntimamente en tu corazón todos los sucesos dolorosos y llena tu corazón de alegría, perdón y paz.

»Superas el miedo a la muerte cuando tu meta es proyectarte en la trascendencia, así como en la entrega, en la bondad, en la generosidad, en el desprendimiento, en el altruismo, en el amor al prójimo, en la capacidad de despojarte sin condiciones y sin esperar retribución. Vivirás en la memoria y en los corazones de aquellos con quienes hiciste contacto en vida, que gracias a tus acciones se sintieron y vivieron más libres.

****

Sus seguidores seguían agolpándose en la puerta de su casa. Sus discursos llegaban al corazón de la gente, que sentían que su alma se liberaba. Todos venían con sus inquietudes y prerrogativas, esperando que Bakhari resolviera sus problemas y enfermedades. Todo esto ocurría a su pesar, pues él enseñaba una y otra vez que el poder está en uno mismo. Él solo era un catalizador que ayudaba a que las mentes se abrieran a otra realidad y se permitieran percibir un mundo donde la causa está en la conciencia de cada uno.

Una vez más, se dirigió a sus seguidores para hablarles sobre el dolor.

—Todo dolor está causado por la culpa inconsciente. Tenéis que ser conscientes de que vuestra experiencia de la muerte será diferente en función de la culpa inconsciente que hayáis sanado. La culpabilidad clama por castigo y se le concede su petición. No en la realidad, sino en el mundo de las ilusiones y las sombras.

»Las personas que sienten dolor psicológico quieren esconderse, y el mejor lugar para hacerlo es aquí, en la proyección del mundo. Este es el lugar perfecto para proyectar el miedo y la culpa fuera de uno mismo. La proyección es la gran vía de escape. Implica creer que, si proyectamos la culpa al exterior, nos liberamos de ella. No eres consciente de que todo lo que das se te devuelve. Por lo tanto, cuídate de todo lo que proyectas en los demás.

»Y aquello en lo que elijas creer, eso es lo que te afectará y en último término determinará lo que crees ser. Nunca subestimes el poder de la mente. Recuerda que siempre tienes el poder de elegir.

»No intentes aliviar tu dolor con placeres externos. Al final, todo acabará por convertirse en insatisfacción, decepción y otras formas de dolor. Las adicciones son una forma de escapatoria, pero harán que te sientas culpable y la culpabilidad siempre pide castigo. Este se presentará con más adicción y sufrimiento.

»Una forma de mitigar el dolor es la autoindagación. Así sabrás cuál es su procedencia.

Y continuó:

—Todos los dolores de la vida están creados por algún tipo de juicio que hace que la creencia en la separación sea real. Pero dentro de ti está la posibilidad de acabar con todo el sufrimiento mediante el perdón, y de disolver el sistema de pensamiento del ego. Así desaparece el diablo, que se sustenta en la creencia en la separación.

»Como ya se ha dicho, todo dolor y todo sufrimiento merecen autoindagación. El dolor aumenta cuando intentamos proyectar su causa en el exterior; así nos resistimos a entrar en el nivel espiritual de las cosas.

»Es un gran error querer corregir a tus hermanos. Este es el trabajo del Espíritu de Dios. Tú no puedes ni debes corregir el error que percibes, pues tu mente vive en el error basado en la creencia de que estás separado de todo y de todos. Creéis que sabéis lo que es mejor para el otro cuando ni tan siquiera sabéis lo que es mejor para vosotros. Las necesidades que percibís en vuestros hermanos son las vuestras, y los consejos que queréis darles os los tenéis que aplicar a vosotros mismos.

»Estas enseñanzas hay que repetirlas una y otra vez hasta que queden grabadas en nuestras mentes —repetía Bakhari.

Y terminó hablando de la compasión:

—¿Qué es la compasión? La compasión es un sentimiento de cercanía hacia los demás, un respeto y un afecto que no dependen de la actitud del otro hacia uno. Por lo general, sentimos afecto por las personas que son importantes para nosotros. Este tipo de sentimiento de cercanía no incluye a nuestros enemigos, a aquellos que piensan mal de nosotros. En cambio, la verdadera compasión tiene en cuenta que los demás, al igual que nosotros mismos, quieren una vida feliz y exitosa, y no desean sufrir.

»Muchos de vosotros seguís creyendo que hay que amar a los demás; esto es simplemente creencia en la separación. No hay nadie a quien amar. Esto significa que no hay separación entre tú y yo.

»Somos egoístas cuando no nos amamos a nosotros mismos y anteponemos a los demás antes que a nosotros mismos. Confundís el amor con el querer y esto es simple apego.

Bakhari abandonó este mundo cumpliendo su compromiso: llevar la paz a los corazones atormentados por sus creencias y miedos. Pidió que no se escribiera nada sobre él, pues solo era el mensajero, y no el mensaje. Solía recordar un poema de Rumi, un gran maestro sufí que expresó con claridad meridiana cuál era su sentimiento hacia este mundo. Este poema representa la unidad de conocimiento entre los diferentes saberes ancestrales.

¿Qué puedo hacer, oh musulmanes?, pues no me reconozco a mí mismo.
No soy cristiano, ni judío, ni mago, ni musulmán.
No soy del Este, ni del Oeste, ni de la tierra, ni del mar.
No soy de la mina de la naturaleza, ni de los cielos giratorios.
No soy de la tierra ni del agua, ni del aire, ni del fuego.
No soy del empíreo ni del polvo, ni de la existencia, ni de la entidad.
No soy de India ni de China, ni de Bulgaria, ni de Grecia.
No soy del reino de Irak, ni del país de Jurasán.
No soy de este mundo ni del próximo, ni del Paraíso, ni del Infierno.
No soy de Adán ni de Eva, ni del Edén, ni de Rizwán.
Mi lugar es el sin lugar, mi señal es la sin señal.
No tengo cuerpo ni alma, pues pertenezco al alma del Amado.
He desechado la dualidad, he visto que los dos mundos son uno;
Uno busco, Uno conozco, Uno veo, Uno llamo.

Estoy embriagado por la copa del Amor, los dos mundos han desaparecido de mi vida;
no tengo otra cosa que hacer que el jolgorio y la jarana.[8]

El árbol del paraíso

8. *Fragmento extraído del libro de Yalal ud-Din Rumí, Poemas sufís, Madrid, Hiperión, 1988. Esta versión es de Alberto Manzano.*

Tercera vida: EL EMPERADOR

«La vida me ha enseñado que es más importante ser fiel y coherente contigo mismo que mantener pensamientos positivos.»

E. Corbera

Breve contexto histórico

Esta historia transcurre en Samarcanda, una ciudad fundada en el siglo VII a. C. La ciudad alcanzó su apogeo en los siglos XIV y XV. La historia se centra precisamente en estos siglos, y concretamente en el emperador Ulugh Beg. Los poetas e historiadores de siglos pasados llamaban a la ciudad de Samarcanda el Edén del Oriente Antiguo, la perla preciosa del mundo islámico, la Roma de Oriente. Está situada en un valle muy fértil del río Zeravshan, y tiene una maravillosa naturaleza florecida. Por eso la llamaban también «el lugar del placer del mundo».

Los expertos no se ponen de acuerdo con respecto a la etimología de la palabra Samarcanda. Según la leyenda de Sogd, la primera población fue fundada por los magos Somar y Camar. En otra leyenda se menciona a los primeros gobernantes legendarios de la ciudad, el rey Samar y la reina Cand, que no pudieron estar juntos y se unieron después de la muerte. Según algunos historiadores y arqueólogos, la palabra Samarcanda viene de la palabra turca Semiz Kent. Los griegos llamaban a la ciudad

Maracanda, nombre que se remonta a los persas y cuyo significado es «ciudad ubérrima».

Observando las tres imponentes madrazas (escuelas) es imposible no sentirlo: la plaza del Registán tiene un magnetismo especial. Y aunque la fama de Samarcanda está asociada con Tamerlán, que estableció aquí la capital de su imperio, esta plaza debe su majestuosidad a su nieto, el astrónomo Ulugh Beg, que será el protagonista de nuestra tercera historia. Como ya he dicho antes, me he inspirado en él y en su obra, pero la historia en sí es ficticia.

El control árabe de Asia central se consolidó después de la Batalla de Talas contra los chinos en el 751. Esta victoria, que marcó un avance más hacia el este de los ejércitos árabes, también fue la ocasión ideal para adquirir algunas técnicas chinas, como la fabricación de papel. Muy pronto se dieron cuenta de la importancia de este nuevo soporte de la escritura para la difusión del Islam, y Samarcanda se convirtió en el primer centro de producción de papel del mundo musulmán. Además, mejoraron las técnicas de fabricación incorporando tela en la preparación. A continuación el papel llegó a todo el mundo islámico y a Occidente gracias a las conquistas árabes en Asia Central. Aparece en Bagdad en el 793 d. C., en El Cairo en el 900 d. c., en Játiva en 1056 y en Francia a comienzos del siglo XV.

Ulugh Beg fue notable no solo en el campo de la astronomía, sino también destacó en matemáticas; abrió así nuevas fronteras en la trigonometría y en la geometría. En la ciudad de Samarcanda construyó el gran observatorio astronómico de Gurkhani Zij, al que dotó de instrumentación moderna, entre la que destacaba un inmenso sextante de unos cuarenta metros de radio.

Amir Timur (Tamerlán), el abuelo de Ulugh Beg, provenía de una tribu turca llamada Barlas. Era de origen mongol y vivía en Transoxania, en lo que hoy es Uzbekistán. Después de unir a varias tribus turco-mongolas bajo su dirección, emprendió, con sus ejércitos de arqueros montados, la conquista del área que ahora ocupan Irán, Irak y el este de Turquía.

Poco después de que naciera su nieto Ulugh Beg, Timur invadió India, y en 1399 tomó el control de Delhi. Después continuó con sus conquistas, extendiendo su imperio hacia el oeste entre 1399 y 1402. Obtuvo victorias sobre los mamelucos egipcios en Siria y sobre los otomanos en una batalla cerca de Ankara. En 1405 Timur murió de pulmonía cuando llevaba sus ejércitos a China. No hizo caso de sus consejeros militares, que le pedían que esperase hasta que mejorara el tiempo.

Después de la muerte de Timur, sus hijos se disputaron el imperio. El padre de Ulugh Beg, Shah Rukh, era el cuarto hijo de Timur, y para 1407 había logrado el control de la mayor parte del imperio, incluidos Irán y Turkestán, con lo que recuperó Samarcanda. Shah Rukh no abandonó Samarcanda y decidió entregársela a su hijo Ulugh Beg, que estaba más interesado en hacer de la ciudad un centro cultural que en la política o la conquista militar.

Ulugh Beg fue principalmente un científico, en particular matemático y astrónomo. No descuidó las artes, pues también escribía poesía e historia, y estudió el Corán. En 1417, para impulsar el estudio de la astronomía, Ulugh Beg comenzó a construir un centro para la educación superior. Esta madraza, situada frente a la plaza Registán en Samarcanda, se completó en 1420, y Ulugh Beg llevó allí a los mejores científicos que pudo encontrar para ocupar puestos de profesores. Invitó a unirse a su madraza de Samarcanda a más de sesenta científicos, entre los que se incluían al-Kashi y Qadi Zada. Hay pocas dudas de que, aparte del propio Ulugh Beg, al-Kashi fue el principal astrónomo y matemático de Samarcanda.

Uno de los grandes cambios que introdujo fue el de permitirles a las mujeres estudiar. Esto fue una auténtica revolución que provocó no pocas protestas airadas de los diferentes clanes. Él se mantuvo fiel a su criterio de librepensador; solo le interesaba la cultura. En las madrazas, en las que hasta entonces solo se estudiaba el Corán y poco más, se empezó a enseñar ciencias, como matemáticas, trigonometría, geometría y astronomía, entre otras. Cabe destacar la importancia de su *Catálogo de las estrellas,* el primer catálogo estelar completo que se elaboró desde Ptolomeo, y en el cual se referenciaban 1.018 estrellas. Los datos de su observatorio le permitieron calcular la duración del año en 365 días, 5 horas, 49 minutos y 15 segundos, un valor bastante preciso, con un error que no llega al minuto. Los datos de Ulugh Beg y los de nuestros tiempos modernos con relación a Saturno, Júpiter, Marte y Venus muestran diferencias de entre dos y cinco segundos.

****

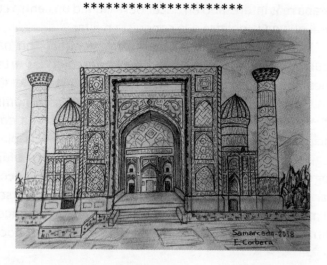

Su mente clara permitió a Ulugh Beg tomar conciencia de la magnitud infinitamente pequeña de la humanidad. Sonreía cuando pensaba en los aires de grandeza que se dan las personas, en sus deseos y pasiones. Sus ansias de conquista y de sometimiento de otros pueblos se convertían en cadenas para sus almas. Lo había visto en su padre, al que acompañó en distintas batallas desde temprana edad. Ver morir a tanta gente le apartó de todo deseo de conquista; por ello dedicó su vida al conocimiento científico, a la cultura, al arte y a la poesía. Pero en su interior florecía una necesidad espiritual que trascendía por mucho la ortodoxia. Intuía que esta magnificencia que apreciaba al observar el cielo estrellado le hablaba de una Inteligencia situada más allá de toda comprensión.

Se rodeó de maestros sufís, que le enseñaron y le hablaron de la unidad de todo lo que se ve. La separación es una ilusión, y el universo rezuma inteligencia y orden por todos sus costados. Le recalcaron la importancia del equilibrio existente entre el orden y el caos, entre la creación y la destrucción. Sus maestros y consejeros le enseñaron que:

«El Universo dual es un equilibrio entre dos polaridades que parecen luchar entre sí, pero que en realidad son las que permiten que exista tal como es. Todos somos hijos de esta magnificencia y estamos hechos de polvo de estrellas».

Entonces reflexionaba el emperador:

«El universo tiene un elevado nivel de coherencia, un alto nivel de geometría y también de interconectividad. Hay una absoluta interdependencia entre todas las cosas. Todos los sistemas funcionan de forma equilibrada».

Sus maestros asentían y le acompañaban en sus reflexiones. El universo, el Todo, contiene a cada parte, y esta contiene al Todo. Las energías y fuerzas que mantienen al universo en equilibrio son las mismas que mantienen a nuestros cuerpos físicos.

La energía colectiva fluye hacia el Uno. Estamos en constante danza con el universo. Tus decisiones afectan a tu propia vida y a las de quienes están a tu alrededor. Sentimos en nuestro corazón todo aquello que no podemos ver. Cuando integremos nuestro pensamiento con el corazón y el poder del amor, nuestro mundo cambiará.

Ulugh Beg se mostraba atento y reflexivo intuyendo que:

«En la oscuridad se encuentra la iluminación. La ausencia de luz es lo divino. Cuando observo las estrellas, la oscuridad es la que me permite ver. Intuyo que la clave de la existencia del universo no está en lo que vemos, sino en la energía que lo sustenta todo. Esta está representada, manifestada, en lo que llamamos oscuridad».

Creía en la igualdad de todos los seres, de aquí su convicción de que las mujeres tienen derecho al conocimiento. No permitirlo es lo que altera el equilibrio básico de todo lo manifestado.

Enseñaba a seguir un camino espiritual individual, que implicaba seguir los impulsos de nuestro propio ser interior, y ello nos permitía conectar con nuestro yo infinito, lo que todos somos en esencia. Sus pensamientos y creencias le granjearon muchos enemigos, sobre todo en la religión institucionalizada. Decía que nadie puede establecer reglas universales que digan lo que debes o no debes hacer. Y que si todos estamos conectados, si somos seres energéticos inseparables de las fuerzas de la vida universal, no necesitamos que ningún sistema externo tome decisiones por nosotros. Todos somos únicos; por lo tanto, nadie puede establecer reglas universales que nos digan qué es lo correcto para cada uno de nosotros. La vida es una experiencia espiritual, la ciencia solo puede explicar vagamente las leyes espirituales que rigen el Universo. Pero está intrínsecamente unida a lo que se ha dado en llamar vida espiritual. Nada existe separado de nada, y mucho menos las ideas y pensamientos.

Ponía como ejemplo la cultura china y la cultura india con relación a la misma área de conocimiento. Los sistemas espirituales y de curación de ambas culturas se contradicen. Los hindús creen que comer carnes es insano, y los chinos al revés. El *Vastu* hindú se contradice con en *Feng Shui* chino, aunque ambos tienen el mismo propósito.

A modo de aclaración para el lector:
De acuerdo con el hinduismo, el **Vastu Shastra** considera que el universo está compuesto por cinco elementos: tierra, agua, fuego, aire y éter, y que el diseño de un edificio debe conseguir una relación equilibrada entre ellos. **Vastu Shastra** considera que una casa es un alma viviente por la que circula el

prana. La palabra *vastu* significa casa, haciendo referencia a casas, edificios, etc. *Shastra* significa sistema o conocimiento. El *Feng Shui* es un antiguo sistema filosófico chino de origen taoísta que se basa en la ocupación consciente y armónica del espacio, con el fin de lograr que este ejerza una influencia positiva sobre las personas que lo ocupan. *Feng* significa «viento» y *shui* significa «agua», por lo que esta técnica estudia el equilibrio del elemento agua y la calidad viento en un sistema determinado para lograr la armonía entre estas fuerzas cósmicas. Para el Vastu, la dirección norte se considera auspiciosa; para el Feng Shui se considera poco propicia. En Vastu, dormir con la cabeza apuntando al sur o al este es bueno; para el Feng Shui, las direcciones que son favorables dependen de cada persona. Para el Vastu, los muebles grandes deben colocarse en dirección sur o suroeste, para el Feng Shui se deben colocar en dirección norte.

Ulugh Beg tenía la certeza de que las culturas crean modos de vivir y piensan que son los únicos verdaderos. Esta es la primera causa de los conflictos. Se teme a lo que se considera diferente. Solo las mentes abiertas que utilizan las creencias, pero no se las creen, pueden traer paz al mundo.

Hablaba sobre los pensamientos y sentimientos, tan incomprendidos en las gentes de todas las culturas. Decir que si tienes pensamientos negativos atraerán negatividad a tu vida es extremadamente genérico. Todos los pensamientos y sentimientos, sean del tipo que sean, son energía que se expresa en nuestra mente. Cuando son negativos, nos comunican que algo no anda bien y que tenemos que indagar en nosotros mismos. Sin duda hay que evitar reprimirlos, porque eso sí que puede hacernos daño.

Para él, lo más importante eran los sentimientos, puesto que según cómo los vivimos, determinan las condiciones de nuestra vida. Hay que permitirse sentir lo que uno está sintiendo en lugar de luchar contra ello. Decía: «Dejad de juzgaros como buenos o malos; sentid y vivid con coherencia y lealtad a vosotros mismos. Todos tenemos buenos y malos días. Lo importante es cómo los vivas, cómo te sientes contigo mismo o contigo misma. El universo es como un eco que responde a lo que piensas y sientes sobre ti mismo y sobre los demás, pues todos estamos conectados. Es como si lo que piensas sobre los demás fuera lo que piensas sobre ti». Esto es algo que recordaba una y otra vez.

Ulugh Beg era querido por su pueblo. Les había traído paz, prosperidad y cultura. Era respetado y venerado. Pero, como toda luz tiene su oscuridad, era odiado por aquellos que pensaban en el poder como medio para dominar a los demás, a sus propias gentes, a las cuales querían someter mediante la ignorancia y el miedo.

El misticismo islámico —el sufismo— recibió influencias del hinduismo y del budismo. Las caravanas no solo llevaban enseres para comerciar, la ruta de la seda también fue la vía mediante la cual el budismo se extendió por toda Asia. Misioneros budistas llevaron la luz de las enseñanzas de Buda desde India a Taxila, de Taxila al Tíbet y del Tíbet a Dunhuang, por donde penetraron en China. Los conocimientos más avanzados de la época procedían de las universidades budistas de Nalanda, Vikramshila, Odantapuri, Valabhi y Ratnagiri, entre otras. Circularon de un reino a otro junto con los peregrinos, monjes, maestros y discípulos que viajaban en busca de enseñanzas para llevar sabiduría a los monasterios del Tíbet, de Dunhuang, o al complejo de monasterios de las grutas de Mogao, en China. Asimismo, monjes de todos los reinos iban de peregrinaje a India para encontrar manuscritos y textos budistas originales con el fin de traducirlos a las lenguas vernáculas de sus regiones y aportar nueva luz en los campos de la filosofía budista, la medicina o la astronomía.

Samarcanda recibía una fuerte influencia de estas corrientes de conocimiento y sabiduría espiritual. Y esta influencia era todavía más notoria para los buscadores como Uluhg Beg, que potenciaba a sus súbditos con su manera de gobernar, dándoles la posibilidad de estudiar y aprender.

Sus maestros sufís le transmitían lo que su corazón anhelaba.

En la existencia, no hay nada más que Dios. La existencia, aun siendo una esencia única (ayn wâhid), se despliega en la multiplicidad por medio de las determinaciones de las criaturas posibles. Él (Dios), es el Único y el Múltiple.

«Habladme del alma», les pedía a sus maestros sufís, que le respondían:

—Todos estamos conectados a esta Esencia, a esta energía Universal. En cada uno de nosotros fluye esta energía vital, estamos sostenidos por Ella. Esta fuerza de vida no es algo externo a nosotros, es el estado de ser. No tenemos que hacer nada para acceder a Ella, somos Ella, somos su despliegue en una aparente multiplicidad. Esta multiplicidad está sostenida en la individualidad por lo que llamamos el alma. El alma es un vehículo impregnado de la Consciencia o Energía Universal. Vive en lo atemporal y tiene la posibilidad de manifestarse en el mundo dual, que está sujeto a las leyes del espacio/tiempo.

—Aclaradme lo de que «no hay que hacer nada» — pide el emperador.

—Solo la creencia en la separación te lleva inmediatamente al hacer. El poder de nuestra mente es ilimitado, hasta el punto de que nos puede hacer experimentar nuestras creencias limitantes en los niveles del horror absoluto. A este estado de la mente se le llama infierno. La mente tiene que ver con el hacer y nuestra alma con el ser.

»Cuando estás en el ser, no tienes que hacer nada. Ahora bien, es cierto que en este mundo, cuando estás en el ser, aparentemente «estás haciendo algo». La gran diferencia estriba en que cuando estás en el ser no pretendes conseguir nada, mientras que en el hacer, el principal objetivo es conseguir algo.

»Otra diferencia fundamental es que en el hacer hay cansancio, esfuerzo, y en el ser hay pasión. Cuando estás en el ser, fluyen ideas, conceptos. Te sientes liviano, no sientes cansancio. La percepción del tiempo cambia. Tienes pasión por todo, y esto se contagia a las gentes que te rodean y te escuchan. Otra característica es que, en el ser, tu cuerpo se recupera muy rápidamente, mientras que cuando está en el hacer le cuesta mucho más. Es posible que el cuerpo tenga una edad avanzada, pero todo él transmite juventud y fuerza. Esto es el significado de «no hacer nada».

El emperador reflexiona en voz alta sobre el mal:

—Tengo un sentimiento profundo de que nadie es malo por naturaleza. La maldad solo es consecuencia de nuestros miedos más profundos. Creer en la carencia inflama en el ego el miedo a dejar de existir; esto atrapa a nuestra mente y condiciona nuestras acciones, que son totalmente egoístas. Cuanto mayor es este miedo, más egoístas nos hacemos. Un estado de plenitud puede redimir a la persona más depravada. Podemos definir el mal como estar aislado de la Esencia o Energía Universal. No es posible estar aislado, pero creer que lo estás nos puede llevar a vivir una experiencia de terror extremo. Aquí nace el diablo, que es la creencia absoluta en que la separación es real.

Sus maestros asienten con la cabeza, y uno de ellos lo corrobora con las siguientes palabras:

—El mal es un estado de conciencia que vibra muy lentamente y te aleja del nivel de vibración del ser. Tu mente elige, consciente o inconscientemente, cómo sentirse en cada situación. La dualidad te lleva al victimismo y a la culpabilidad; el perdón te lleva a la unidad. De hecho, el mal no existe en sí mismo; es consecuencia de un profundo sentimiento de aislamiento. Aquí se asienta el dios de la enfermedad llamada depresión. Esta está absolutamente alejada de la aceptación, que es el paso fundamental en el cruce de caminos que te lleva a la perdición o a la redención.

Las ideas y filosofías budistas impregnaban su vida y sus pensamientos, lo que le llevó a comprender, que no a creer —esta es la diferencia fundamental—, que la causa de todo lo que percibimos, vivimos y experimentamos está en nosotros mismos. Así, cada uno de nosotros creamos nuestra vida momento a momento mediante nuestros pensamientos, sentimientos y emociones. Y así también hemos decidido colectivamente lo que es posible para el ser humano y lo que no.

El emperador comprende que cuando dejas que el Espíritu Divino dirija tu vida, te guíe y te inspire, la percepción del espacio/tiempo se distorsiona, y experimentas que tienes tiempo para todo. No hay esfuerzo alguno.

Vives en plenitud, en un estado presente donde los acontecimientos van pasando frente a tus ojos como si fueran una secuencia lineal de hechos. Este despliegue es necesario para tomar conciencia del poder de tu mente y utilizar la capacidad de decidir quién quieres ser a cada instante.

Uluhg Beg tomó plena conciencia de que todos somos iguales excepto en el tiempo; pero el tiempo no existe, no es real. Experimentó en todo su ser que el tiempo es relativo. Al final, todos llegaremos a la comprensión de que surgimos de la misma Consciencia, de la cual en realidad no hemos salido nunca. Al creer que hemos salido, hemos desplegado lo que llamamos espacio/tiempo, que cambia en función del nivel de vibración de nuestra conciencia, dilatándose a medida que esta se eleva.

Parafraseando a *Un curso de milagros*: «Aquello que elijas creer es lo que te afectará, y en último término determinará lo que crees ser. Nunca subestimes el poder de la mente».

Ulugh Beg continúa con sus reflexiones:

—Mediante tus elecciones con respecto a las circunstancias que se despliegan ante tu conciencia, vivirás separado de la Fuente y te sentirás como un ego entre egos, o bien te sentirás en casa, viviendo una experiencia de unicidad con el pleno sentimiento y la certeza de que todos estamos conectados y fluimos de la Fuente Una. He aprendido que la mente es el gran activador del Espíritu Divino: somos los creadores de nuestra realidad y tenemos la elección de crearla desde el ego o desde el Espíritu. Esta es nuestra elección, este es nuestro poder, esta es nuestra responsabilidad. No cabe la queja.

Reflexiones sobre la enfermedad

El emperador estaba especialmente ansioso por conocer el sentido de la enfermedad. Siempre preguntaba a los maestros sufís por ella.

—Majestad, la enfermedad tiene múltiples facetas y sentidos. Debemos evitar creer que una persona enferma es mala o menos espiritual. El alma elige vivir sus experiencias en este mundo y puede vivirlas en el estado de conciencia que llamamos dormido o en el estado despierto. Hay seres muy despiertos que eligen vivir situaciones de dolor y sufrimiento para demostrar que todo ello es una ilusión. Otras almas eligen vivir experiencias de mucho dolor para abrir su conciencia a otros estados del ser más unificados.

»¿Es necesario pasar por estas experiencias para que nuestra conciencia cambie de vibración? —pregunta Uluhg Beg.

—No necesariamente, pero, en el nivel actual, aquí y ahora, vemos que el dolor y el sufrimiento en forma de guerras, luchas fratricidas, esclavitud y abusos de todas clases conforman nuestro universo particular. Por lo tanto, el dolor y el sufrimiento pueden ser utilizados por el alma como camino hacia la redención y hacia la ansiada libertad espiritual. Llevar este conocimiento al pueblo es uno de los mayores regalos que se le puede hacer.

—¿Qué enseñanza básica aporta la enfermedad?

—Es un aviso de que hay algo que tienes que cambiar en tu vida. Huye de la culpabilidad y del victimismo. Hay creencias que deben ser transformadas, pues te fueron inculcadas y las has introyectado a lo largo de eones de existencia. Es un grito de tu alma, que se expresa en tu cuerpo por la sencilla razón de que nos identificamos con él.

Parafraseando a *Un curso de milagros*: «Para que un pensamiento se convierta en carne hace falta una creencia. Por eso nuestras creencias convergen en él». Hay que evitar todo juicio con relación a la enfermedad, y sobre todo con relación al enfermo. La enfermedad tiene un sentido que muchas veces está oculto. Creer que hay que curar el cuerpo, cosa que en sí es muy razonable, es un nivel de conciencia. Comprender que la causa primigenia está en la mente indica otro nivel de conciencia, pero todos los niveles de vibración tienen su razón de existir y de manifestarse. La enfermedad podría ser el mayor regalo que un alma pueda experimentar para abrirse a otras formas de ver y entender la vida. Muchas veces la enfermedad es un catalizador que lleva a un despertar único.

En muchas ocasiones la enfermedad destruye el cuerpo. Para nuestra alma esto tiene una importancia relativa, pues al final todos tenemos que marcharnos de este mundo de alguna manera, y, en esencia, es el alma la que elige cómo.

El emperador recuerda haber visto a personas enfermas morir en paz, y casi podría decir que satisfechas. La transición de la vida corporal a otros estados de conciencia acostumbra a ser placentera. Solo las conciencias aferradas a la dualidad sufren este tránsito, que las lleva a otro mundo que suele estar en consonancia con la vibración de su conciencia.

Aferrarse a esta vida como la única posibilidad de existir solo lleva al dolor, al miedo a la muerte por creer que, cuando esta llegue, desapareceremos.

Hay que vivir en plenitud, hacer actos conscientes. Saber vivir en el aquí y en el ahora nos libera de dos demonios: la ansiedad y la depresión.

«Lo complicado de la vida es descubrir lo sencilla que es.»

Lao-Tse

****

Ulugh Beg fue asesinado por su hijo, que no entendía a su padre. Estaba ávido de conquistas y de guerrear. Su tumba fue descubierta en 1941 en el mausoleo construido por Timur en Samarcanda. Al abrir la tumba, se descubrió que Ulugh Beg había sido enterrado con sus ropas —esta no es la costumbre en el mundo árabe—, lo que indica que fue considerado un mártir. Cuando se examinó su cuerpo, las lesiones que se le infligieron eran evidentes: se había cercenado la tercera vértebra cervical con un instrumento afilado, de manera que la porción principal del cuerpo y un arco de esa vértebra se cortaron limpiamente. El golpe, dado desde la izquierda, también cortó la esquina derecha de la mandíbula inferior.[9]

La historia cuenta que cuando el pueblo supo lo que había ocurrido y quién era el culpable de ello, se reveló: colgaron al hijo asesino de un rey tan amado.

Nota del autor: al final, aunque se reciban enseñanzas de un orden superior, si no se viven, no sirven para nada. Caemos en la trampa, que es la creencia de que la causa de nuestro dolor y sufrimiento está fuera, y pensamos que la solución es eliminarla. Esto no es posible, pues reforzamos

9. Información obtenida de: http://www.aprender-mat.info/historyDetail. htm?id=Ulugh_Beg.

la otra polaridad y el ciclo continúa a la espera de nuestro despertar y de que tomemos conciencia de que somos el soñador del sueño.

EPÍLOGO

Existo en todas partes, siento el Ser del cual formo parte, las infinitas vibraciones de lo manifestado. El Todo es inefable, el Todo está en mí y yo estoy en el Todo. Este Todo es a la vez Nada, pura energía que aparece y desaparece como una especie de baile buscando expresarse, manifestarse. Parece como si estuviera a la «espera». Hay una paz, una certeza de perfección. El Ser, la Esencia, la Inteligencia, lo Innombrable de lo cual formo parte... el Sentido de Su Existencia es la manifestación.

Ante la experiencia que estoy sintiendo, surge una idea. Hay un Observador que a su vez se observa. Esto está sucediendo por el simple hecho de ser plenamente Consciente de lo que realmente somos, una infinita parte de la Esencia.

Como parte de esta Esencia, puedo manifestarme en cualquier posibilidad al instante de tener esa idea. Entonces la idea aparece ante mi conciencia como «algo» que sobresale del tapiz de energía del cual emana mi existencia. Me siento atraído hacia ella, y la sola atracción hace que me envuelva como si estuviera en una burbuja. Estoy en el Todo y a la vez aislado de Él.

Aparece la posibilidad de elección, pero ¿entre qué hay que elegir? Una especie de torbellino rodea la esfera en que mi consciencia está sumergida. Es una sustancia que posee una cualidad inherente al Todo. Esta emanación es como un *software* con infinita información, es la mente.

Tengo la posibilidad de elegir entre estar en este estado de plenitud, sintiendo los infinitos sueños de las partes de este Todo y a la vez Nada, o formar parte de la manifestación siendo un soñador plenamente consciente. En este instante, una idea se manifiesta en la mente: ¿qué sentido tiene el Uno si no se puede manifestar en la pluralidad? Aceptar esta idea me lleva a ser un observador, y así comprendo la fórmula matemática que en su día me fue inspirada y que sirve para expresar que la conciencia nunca puede a llegar a fundirse plenamente, pues perdería Su Sentido y eso es imposible. Estas posibilidades, llamadas inspiraciones, provienen de la Nada para ser el Todo, y se dan a toda conciencia que despierta del sueño cuando sabe, dentro del mismo, que ella es el soñador.

Cs = Consciencia o Conciencia de Unidad
c = conciencia individual
t = tiempo, que es el que permite al instante el espacio para la manifestación.

$$C_s = c \,/\, t$$

Para que $C_s = c$, el tiempo tendría que ser 0. Esto convierte la ecuación en indeterminada; no es posible. Para que la ecuación tenga sentido, matemáticamente existen los límites. Por lo tanto, aplicándolos, tenemos:

$$C_s = c \,/\, t \quad \text{cuando el límite de } t \to 0,$$
entonces la ecuación tiene este sentido:

$$C_s = +/- \ \textbf{infinito}$$

Todo el universo manifestado puede expresarse en una ecuación matemática para comprender que en ella subyace la Inteligencia Universal, donde el azar es totalmente imposible.

Elijo, y lo que elijo es volver a la manifestación del Ser. Al instante, aparece una especie de vehículo que me absorbe totalmente y me hace sentir separado de esta Energía en la que estaba inmerso, sumergido, y expandido en lo manifestado y en la potencialidad infinita de Su manifestación.

¡¡¡He nacido con mi alma!!!

****

P.D. «Es cierto que aparecimos en este universo por azar, pero la idea del azar solo es un disfraz de nuestra ignorancia».

Freeman Dyson, físico y matemático (1994)